国家出版基金项目
NATIONAL PUBLICATION FOUNDATION

“十三五”国家重点出版物出版规划项目—构建和谐劳动关系理论研究丛书

劳动关系协调与外部企业社会责任

Coordination of Labor Relations and External Corporate Social Responsibility

谢玉华 覃亚洲 著

中国工人出版社

图书在版编目（CIP）数据

劳动关系协调与外部企业社会责任 / 谢玉华, 覃亚洲著. -- 北京 : 中国工人出版社， 2019.9

ISBN 978-7-5008-7265-8

Ⅰ. ①劳… Ⅱ. ①谢…②覃… Ⅲ. ①企业责任－社会责任－研究－中国②企业－劳动关系－研究－中国 Ⅳ. ①F279.2

中国版本图书馆CIP数据核字（2019）第205484号

劳动关系协调与外部企业社会责任

出 版 人 王娇萍
责任编辑 赵晨羽
责任印制 栾征宇
出版发行 中国工人出版社
地　　址 北京市东城区鼓楼外大街45号　邮编：100120
网　　址 http://www.wp-china.com
电　　话 （010）62005043（总编室）
（010）62005039（印制管理中心）
（010）82075935（工会与劳动关系分社）
发行热线 （010）62033018　62004002　62005996
（010）82081553（传真）
经　　销 各地书店
印　　制 天津嘉恒印务有限公司
开　　本 880 毫米 × 1230 毫米　1/32
印　　张 8.625
字　　数 220 千字
版　　次 2020年1月第1版　2020年1月第1次印刷
定　　价 68.00 元

目 录

绪 论

中国经济社会在转型中，既要提升经济发展质量，又要建立和谐劳动关系。从企业社会责任角度研究劳动关系，是劳动关系领域研究和社会实践的重要问题。

一、问题的提出

（一）研究背景

企业社会责任（Corporate Social Responsibility，简称 CSR）起源于20世纪初期欧美企业，至今发展接近一个世纪。CSR由最初的学术研究，到先行企业的实践，再到 CSR 推进运动，20世纪60年代企业社会责任的驱动力主要来自社会运动如环境运动、保护劳工和人权运动。至此，企业社会责任已成为社会共识。经济全球化使 CSR 走向全球化，经济互联互通，CSR 必须跟进；世界 CSR 推进组织制定相应标准并在全球推广。企业社会责任的全球推动力主要来自两个方面：一是世界经济趋势性变化诸如新一轮工业革命、工业4.0时代、互联网和共享经济等方面的发展，助推社会责任议题的丰富；二是全球企业社会责任强制化、标准化的新趋势，对企业履行社会责任提出了更迫切的要求①。

中国经济经过40多年的飞速发展，取得了举世瞩目的成

① 曲庆彪，王家驯．企业社会责任视角下的社会和谐问题探究[J]．科学社会主义，2010（5）：99－102.

就。我们走的是出口导向型的发展道路，得益于丰富的劳动力资源和低成本战略，运用后发优势，获得了经济快速发展。然而，粗放型的经济增长也付出了沉重的代价，资源被掠夺式开发，环境污染严重，劳动者权益保护不力，收入差距拉大。对此，我国在20世纪90年代就提出过转变经济增长方式，21世纪以来更成为主要议题。转变经济增长方式要求经济增长方式由不可持续性向可持续性转变；由粗放型向集约型转变；由出口拉动向出口、消费、投资协调发展转变；由结构失衡型向结构均衡型转变；由高碳经济型向低碳经济型转变；由投资拉动型向创新驱动型转变；由忽略环境型向环境友好型转变；由“少数人”先富型向“共同富裕”转变。党的十九大报告提出，坚持创新、协调、绿色、开放、共享的发展理念；“我国社会主要矛盾是人民日益增长的美好生活需要和不平衡不充分的发展之间的矛盾”，要在发展中保障和改善民生，增进民生福祉，补齐民生短板。中国经济转型和国家战略的转变，离不开企业实践，企业社会责任和劳动者权益保护成为重要话题。2017年《中共中央国务院关于营造企业家健康成长环境弘扬优秀企业家精神更好发挥企业家作用的意见》首次以专门文件明确企业家精神的地位和价值。该意见还提出要引导企业家主动履行社会责任，增强企业家履行社会责任的荣誉感和使命感，引导和支持企业家奉献爱心。强调构建和谐社会进一步强化企业社会责任实践在其中起到的重要作用。2015年《中共中央国务院关于构建和谐劳动关系的意见》指出构建和谐劳动关系需教育和引导企业经营者“自觉关心爱护职工，努力改善职工的工作、学习和生活条件，帮助他们排忧解难，加大对困难职工的帮扶力度”。

随着改革开放引进外资，CSR 引入中国，随后引发学术界的讨论和企业践行。发展到今天，不管是学术界还是企业实践者，关于企业社会责任的讨论已经不是是否要履行的问题，而是如何履行的问题。

（二）研究问题的提出

根据 Carroll（1991）提出的“金字塔”社会责任模型，企业社会责任按照从低到高涵盖四个层次：经济责任、法律责任、伦理责任与慈善责任①。经济责任是最基本的责任，是企业生存和发展的基石；而法律责任次之；伦理责任处于第三层，要求企业的行为符合社会准则、规范和价值观；慈善责任处于“金字塔”社会责任模型的顶层，主要立足于企业满足自身发展后致力于改善社会发展的自愿行为。同时 Carroll（1991）认为企业履行责任应该是率先满足处于较低层次的责任后，才考虑满足更高层次的责任。也就是企业需要首先在合法范围内履行经济责任，再根据自身发展状况自愿选择承担慈善责任。

理论上，对于企业而言，首先要关注经济责任，即主要关注内外部运营和管理，以实现企业价值的提升。归根结底，企业实际上是由人构成的集合，为了提高企业绩效，企业需要关注企业内部最重要的资源——人力资源，那么企业对员工的责任便是摆在企业面前的首要责任②。从全球范围来看，欧盟委

---

① Carroll, A. B. The pyramid of corporate social responsibility: Toward the moral management of organizational stakeholders [J]. Business horizons, 1991, 34 (4): 39 -48.

② 刘力纬．企业社会责任研究——不同所有制劳动密集型企业的调查［D］．中国社会科学院，2008.

员会在其发布的绿皮书中区分了社会责任的内部和外部维度。其中内部维度主要涉及对企业自身雇员的对待，主要包括人力资源管理、健康与安全、劳动与社会保障、人权、有社会责任的企业重组及企业内环境管理等。国际劳工组织制定的一系列劳工标准，成为企业社会责任中关于劳工责任的准则，尤其是1998年《国际劳工组织关于工作中基本原则和权利的宣言》的核心劳工标准，已成为大多数社会责任标准的来源和企业社会责任援引的准则。因此，根据企业社会责任的金字塔模型，企业只有在执行上述保护员工权益的劳工标准前提下，才能追求更高一层的伦理责任与慈善责任。其中对于最顶层的慈善责任，企业履行的主要方式是慈善捐赠。

然而现实情况是，部分企业并未按照“金字塔”模型的层级结构来履行社会责任，各种企业社会责任“倒金字塔”异象层出不穷（底层社会责任并未履行的前提下先履行上层社会责任）。这些现象表现在企业社会责任的产品管理、员工管理、环境保护等各个方面。如一些企业一方面承担顶层慈善责任，从事无偿捐赠等公益事业；另一方面却偏离法律责任，从事不符合道德准则，甚至违反法律规定的不负责任行为①。

由于中国经济飞速发展，出口导向型和依靠低劳动力成本的优势占主要地位，中国情境下的企业内部员工责任与外部社会责任的“本末倒置”的异象显得尤为突出。一方面，我国劳资冲突事件与日俱增。劳动者申诉案从1997年的71524件到2015年的784229件，涉及的职工数量从1997年的221115

① 彭韶兵，高洁，王昱升．企业社会责任履行异象及其分析[J]．财经科学，2013（5）：46－55.

人到2015年的1159687人[①]。还有庞大的农民工群体权益得不到保障的事件频繁发生。根据国家统计局发布的《2016年农民工监测调查报告》，2016年被拖欠工资的农民工人数为236.9万人，被拖欠工资的农民工占全体农民工的比重为0.84%；与雇主或单位签订了劳动合同的农民工比重仅为35.1%；农民工超时劳动仍比较普遍，日从业时间超过8小时的农民工占64.4%，周从业时间超过44小时的农民工占78.4%；农民工月均收入3275元，低于社会平均工资；农民工接受过非农职业技能培训的只占30.7%[②]。另一方面，与之形成鲜明对比的是，近些年企业社会责任在中国如火如荼地开展，企业社会捐赠数量逐步增长，并呈现出持续和全面的发展趋势。从金蜜蜂披露的2017年社会责任报告数据来看，2001年我国企业发布的社会责任报告仅1份，2016年社会责任报告数量猛增突破了3043份，其中企业发布报告1908份[③]。与此同时，就慈善捐赠的数量而言，《2017年社会服务发展统计公报》的数据显示，民政部门和社会组织接收的社会捐款从2010年的596.8亿元一直增加到2017年的754.2亿元[④]，全社会对慈善捐赠的参与度和认可度正逐步提高。而根据中国社科院发布的《企业公益蓝皮书（2015）》的调查结果显示，上榜的中国300强企业公益捐赠总额高达60.03亿元，其中民营

---

① 中华人民共和国国家统计局贸易外经统计司．中国劳动统计年鉴[M]．北京：中国统计出版社，2015.

② 中华人民共和国国家统计局．农民工监测调查报告[M]．北京：中国统计出版社，2016.

③ WTO经济导刊．金蜜蜂中国企业社会责任报告研究[R]．2017.

④ 中国国家统计局．2017年社会服务发展统计公报．http://www.mca.gov.cn/article/sj/tjgb/2017/201708021607.pdf.

企业平均捐赠额为 8474.90 万元，国有企业为 8092.42 万元，外资企业为 3255.92 万元[①]。这一数据进一步表明企业捐赠在慈善捐赠中也有着举足轻重的地位。不少企业也因捐赠数额之多，被冠以“负责任企业”的良好形象。由于自愿性是企业社会责任的关键原则，在企业履行社会责任的行为实施与监督上并不存在法律强制机制。社会责任依靠市场竞争压力、股票等金融市场压力、社会舆论压力等软压力来推动。如果没有工会、非政府组织等强有力的行为主体推动，企业社会责任可能仅仅作为企业的另一种公共关系的工具，不会促进劳动条件的改善[②]。

鉴于上述中国企业履行内外部社会责任的现实情况，本书试图回答以下问题：

（1）是否企业对涉及“面子”的外部社会责任更重视，而忽略只涉及“里子”的内部员工责任？

（2）企业有可能将内外部社会责任和谐统一吗？如何统一？企业社会责任的“面子”（外部责任）与“里子”（内部员工责任）是什么关系？

（3）企业履行员工责任和外部社会责任的动力是什么？

二、文献综述

（一）企业社会责任分类

学术界长期以来讨论企业社会责任定义问题，但却仍无一

---

① 中国社科院．企业公益蓝皮书（2015）．http：//www.bjdcfy.com/baogao/zgcsfzbg2015/2015－12/469768.html.

② 莱茵加特·齐默尔．企业社会责任将有助于改善劳动条件吗？中国产业民主——兼论德国、韩国与越南［M］．北京：中国社会科学出版社，2012：211－220.

致定义。根据中央企业社会责任报告的研究成果，这一概念大致经历了个别探索阶段（20 世纪 20 年代至 60 年代）、广泛关注阶段（20 世纪 70 年代至 21 世纪初）和全球发展阶段（21 世纪初至今）。在个别探索阶段，企业社会责任研究聚焦于理念纷争，争论的重点是在自由市场经济条件下，企业是否应该承担利润目标以外的其他社会目标。在广泛关注阶段，企业社会责任的研究范围和影响不断扩展，研究主体从学者、NGO 一直覆盖到研究机构与政府，聚焦重点涵盖企业社会责任的内容、履行社会责任的方式和动力等各个维度。在全球发展阶段，企业社会责任概念已经成为全球关注的话题，众多国际组织都试图提出标准的企业社会责任概念，这一阶段研究侧重于跨情境对比和研究层次的多样化。

企业社会责任的定义最早可以追溯到 1953 年，“企业社会责任之父” Bowen 有开创性地提出，商人的社会责任是指商人有义务地按照社会的目标和价值观来制定政策、进行决策。此后大量研究聚焦于企业需不需要承担责任，企业承担社会责任对公司绩效有何影响①②③④。这些实证研究的社会责任概念往往是一个整合式的单一维度的概念，却忽略了企业社会责任的

---

① 霍华德·R. 鲍恩著，肖红军，王晓光，周国银译，商人的社会责任［M］. 北京：经济管理出版社，2013：3.

② Waddock, S. A., Graves, S. B.. The corporate social performance – financial performance link [J]. Strategic Management Journal, 1997, 18 (4): 303 – 319.

③ Siegel M W. Corporate Social Responsibility and Financial Performance: Correlation or Misspecification? [J]. Strategic Management Journal, 2000, 21 (5): 603 – 609.

④ Tang Z, Clyde Eiríkur Hull, Rothenberg S. How Corporate Social Responsibility Engagement Strategy Moderates the CSR – Financial Performance Relationship [J]. Journal of Management Studies, 2012, 49 (7): 30.

多维度特征[①]。同时这种过于平面化的社会责任测量方式，难以准确概括公司实施全面的社会责任战略，也无法具体了解公司对于内部责任和外部责任的态度和具体履行方式。为了弥补上述缺陷，后续衍生出一小部分研究，主要专注于社会责任中某个具体分类维度，如慈善捐赠，环境保护等[②]。至此企业社会责任的研究逐渐从宽泛概念走向具体分类，从整合概念走向集中某个维度研究。

在这样的趋势下，利益相关者理论被广泛用于探讨企业如何平衡关键利益相关者群体。学者们如 King 等（2005）[③] 和 Farooq 等（2017）[④] 基于这一理论提出现有研究中应用最广泛分类方法：内部社会责任（Internal Corporate Social Responsibility，简称 ICSR）和外部社会责任（External Corporate Social Responsibility，简称 ECSR）。内部社会责任包括企业员工权益保护和维护股东利益；外部社会责任则包括环境治理、社会慈善捐赠等方面。内部责任主要是实现组织结构变革[⑤]；外部责

---

① 龙文滨，宋献中．社会责任投入增进价值创造的路径与时点研究——个理论分析[J]．会计研究，2013（12）：60－64.

② Jung，H. J.，Kim，D. O. Good neighbors but bad employers：Two faces of corporate social responsibility programs［J］. Journal of Business Ethics，2016，138（2）：295－310.

③ King，A. A.，Lenox，M. J.，Terlaak，A. The strategic use of decentralized institutions：Exploring certification with the ISO 14001 management standard［J］. Academy of Management Journal，2005，48（6）：1091－1106.

④ Farooq O，Rupp D E，Farooq M. The Multiple Pathways through which Internal and External Corporate Social Responsibility Influence Organizational Identification and Multifoci Outcomes：The Moderating Role of Cultural and Social Orientations［J］. Academy of Management Journal，2017，60（3）：954－985.

⑤ Hawn，O.，Ioannou，I. Mind The Gap：The Interplay between External and Internal Actions in The Case of Corporate Social Responsibility［J］. Strategic Management Journal，2016，37（13）：2569－2588.

任以获取外部组织机构认可为目的①，其对象具有多样性，债权人、政府、供应商、客户、环境与社区均属于该范畴。尽管如此，上述分类方法却无法回答在资源有限的情况下，利益相关者之间是何种关系。为了弥补此缺陷，Sirgy（2002）进一步将利益相关者分成内部利益相关者、外部利益相关者和远端利益相关者三类，并提出关系质量（Relationship Quality）来度量不同利益相关者之间的关系。其中内部利益相关者主要指公司内部生产运营的所有部门及人员，如董事会、财务部门、市场部门、研发部等及员工；外部利益相关者包括股东、供应商、媒体、分销商、当地社区、环境等；远端利益相关者指竞争对手和其他商业公司、法律团体、环保倡导团体、消费者权益保护团体、健康与安全倡导团体、政党、高等教育机构、商业协会、产业工会等②。

在中国情境下，国资委研究室 2008 年把企业社会责任定义为企业为实现自身与社会的可持续发展，遵循法律、道德和商业伦理，自愿在运营全过程中对利益相关方和自然环境负责，追求经济、社会和环境的综合价值最大化的行为③。根据这一定义，企业社会责任的内涵是指企业对自然环境和利益相关者的负责任行为，所谓负责任是指企业行为要符合法律的强制约束、社会道德的价值规范和企业推崇的商业伦理，追求经

① McDonnell, M. H., King, B. Keeping up appearances: Reputational threat and impression management after social movement boycotts [J]. Administrative Science Quarterly, 2013, 58 (3): 387-419.

② Sirgy, M. J. Measuring corporate performance by building on the stakeholders model of business ethics [J]. Journal of Business Ethics, 2002, 35 (3): 143-162.

③ 国资委研究室. 中央企业社会责任研究. http://www.sasac.gov.cn/n103/n8372/n56440/c1864811/content.html.

济、社会和环境的综合价值。利益相关方责任又可以划分为：股东责任、员工责任、用户责任、合作伙伴责任、社区责任、社会公民责任以及可持续发展责任等。表 0 - 1 呈现了近年来对于内外部企业社会责任划分的具体内容。

表 0 - 1　内外部企业社会责任划分表

来源	内部企业社会责任	外部企业社会责任
Al - bdour 等 (2010)①	与员工的身心工作环境直接相关的企业社会责任实践	对当地社区、商业伙伴和供应商、客户、公共机构和代表当地社区的非政府组织以及慈善，志愿服务和环境保护等环境的企业社会责任
Mueller 和 Theuvsen (2014)②	生产过程、员工责任	慈善责任
Ferreira 和 Oliveira (2014)③	与员工的身心工作环境直接相关的企业社会责任实践	社会企业在其边界之外指挥的负责任的行动，如针对公共机构和非政府组织的责任行为

① Al - bdour, Ali. A, Nasruddin. E, et al. The Relationship between Internal Corporate Social Responsibility and Organizational Commitment within the Banking Sector in Jordan [J]. International Scholarly and Scientific Research & Innovation, 2010, 4 (7): 1842 - 1861.

② Mueller, H. , Theuvsen, L. . Influences on consumer attitudes towards CSR in agribusiness [J]. In Proceedings of the 2014 AAEA/EAAE/CAES Joint Symposium: Social Networks, Social Media and the Economics of Food, Montreal, QC, Canada 2014, 3: 29 - 30.

③ Ferreira P, Oliveira E R D. Does corporate social responsibility impact on employee engagement? [J]. Journal of Workplace Learning, 2014, 26 (3/4): 232 - 247 (16) .

续表

来源	内部企业社会责任	外部企业社会责任
Brammer 等(2007)①	与组织内部运作相关的社会责任行为	组织的外部形象和声誉
Ihnatenko(2015)②	员工的社会福利、人力资本投资、培训实习、透明的激励计划和职业发展、资助科学和实践发展、道德标准、一般透明报告	企业慈善事业、用于慈善目的的赠款/贷款、经济援助和其他物品、奖学金计划、培训/教育计划、与立法或机构社会倡议合作、与政府组织教育机构、小企业和其他法律实体以及自然人的伙伴关系项目、志愿者活动、公司提供产品的组成成分质量的披露、与外部环境的互动
Priyadharsan 和 Sakunthala.(2015)③	公司满足工人和员工的期望（健康和福利、培训、参与、工作—家庭平衡和平等的行为）	对慈善事业和社区贡献、对消费者和其他外部利益相关者的道德立场

① Mory L, Wirtz B W, Göttel V. Factors of internal corporate social responsibility and the effect on organizational commitment [J]. The International Journal of Human Resource Management, 2015, 27 (13): 1393 - 1425.

② Ihnatenko M. M. . Theoretical foundations and practical directions for the formation of corporate social responsibility of agricultural and food enterprises [J]. Economy of Aic, 2015.

③ Priyadharsan. S, Sakunthala. S. Internal Corporate Social Responsibility Influence on Employees Commitment: A case of Jay Jay Trinco (Pvt) Ltd: 4th Annual International Research Conference [C] . 2015, 68 - 75.

续表

来源	内部企业社会责任	外部企业社会责任
Imran 等(2016)①	内部 CSR 与员工的心理和生理健康相关。这些政策和实践包括尊重人权、员工健康和安全、工作生活平衡、员工培训、平等机会和多样性	外部 CSR 与环境和社会实践相关，包括志愿服务、与事业有关的营销、企业慈善事业以及环境和野生生物保护
Prutina 和 Šehić(2016)②	员工责任	客户、社会和非社会利益相关者责任
Scheidler 等(2016)③	为旨在增强员工身心及工作环境的企业社会责任投资	这些活动针对社会或环境事业，主要授益于外部利益相关者
Habaragoda (2017)④	关心员工的培训和发展、健康与安全、工作场所多样性、平等的机会、工作—生活平衡以及参与企业的业务	企业对整个社会的关注和回应及其与物质环境的互动（志愿服务、捐赠、慈善活动、社区项目和环境保护计划等）

① Imran H，Zahid R，Arain G A，et al. How Do Internal and External CSR Affect Employees' Organizational Identification? A Perspective from the Group Engagement Model [J]. Frontiers in Psychology，2016（7）：788.

② Prutina，Ž.，Šehić，D. Employee' perceptions of Corporate Social Responsibility：A Case Study of Award Recipient [J]. Ekonomska misao i praksa，2016（1）：239－260.

③ Scheidler S，Edingerschons L M，Spanjol J，et al. Scrooge posing as Mother Teresa：how hypocritical social responsibility strategies hurt employees and firms [J]. Journal of Business Ethics，2018（2）：1－20.

④ Habaragoda B S. Interplay between Internal and External Corporate Social Responsibility [J]. International Journal of Management，Accounting and Economics，2017，4（10）：1040－1048.

续表

来源	内部企业社会责任	外部企业社会责任
Farooq et al.(2017)①	员工的管理的实践（员工培训、继续教育计划、安全工作环境、多元化政策、日托计划和道德劳工实践）	专注于对当地社区，自然环境或消费者的管理实践（人道主义事业、慈善捐赠、社区发展投资、污染预防、关注自然环境的生态倡议、可持续增长的实践）
刘松柏和刘璐(2008)②	对雇员、股东的责任	对消费者、社会环境等的责任
张完定等(2014)③	股东责任、员工责任	债权人责任、供应商责任、客户责任、政府责任
黄林和朱芳阳(2018)④	与企业的员工、顾客、供应商以及投资者等形成的经济利益和社会福利互动行为	企业与政府、社区、生态环境以及捐赠慈善机构等形成的经济利益和社会福利互动行为

资料来源：作者根据文献整理。

① Farooq O, Rupp D E, Farooq M. The Multiple Pathways through which Internal and External Corporate Social Responsibility Influence Organizational Identification and Multifoci Outcomes: The Moderating Role of Cultural and Social Orientations [J]. Academy of Management Journal, 2017, 60 (3): 954 –985.

② 刘松柏，刘璐．通过组织内部结构设计实施企业外部社会责任[J]. 经济理论与经济管理，2008 (7): 62 –65.

③ 张完定，赵淑萍，杨松蓉．企业绩效与企业社会责任关系的实证研究[J]. 统计与信息论坛，2014，29 (12): 44 –49.

④ 黄林，朱芳阳．民营科技企业社会责任与企业绩效的实证研究：社会资本视角[J]. 科技管理研究，2018 (4): 209 –217.

基于利益相关者理论，企业社会责任的履行主要以企业内外部利益相关者为责任对象。从上述关于企业内外部企业社会责任定义来看，整体来说，内部企业社会责任的划分主要侧重于员工方面的责任，包括员工生理、心理健康发展等相关内容，这与关注员工发展，营造和谐劳动关系的内涵不谋而合。虽然国内一些文献中也把股东纳入了内部社会责任的探讨中①②，但大部分文献将内部社会责任界定为员工责任③④。类似地，虽然外部企业社会责任所作用的主体对象也千差万别，但基本都围绕着政府、顾客、供应商、社区、媒体等主体展开。

鉴于本文的研究主题在于和谐劳动关系，而员工是和谐劳动关系的既定主体，因此本书主要采用 Farooq 等（2017）的分类方法⑤，将内部责任视为针对员工管理的实践，如员工培训、继续教育计划、安全工作环境、多元化政策、日托计划和道德劳工实践；外部社会责任则指专注于人道主义事业、慈善捐赠、社区发展投资、关注自然环境的生态倡议、可持续增长

---

① 刘松柏，刘璐．通过组织内部结构设计实施企业外部社会责任[J]. 经济理论与经济管理，2008（7）：62－65.

② 张完定，赵淑萍，杨松蓉．企业绩效与企业社会责任关系的实证研究［J］. 统计与信息论坛，2014，29（12）：44－49.

③ Farooq O，Rupp D E，Farooq M. The Multiple Pathways through which Internal and External Corporate Social Responsibility Influence Organizational Identification and Multifoci Outcomes：The Moderating Role of Cultural and Social Orientations［J］. Academy of Management Journal，2017，60（3）：954－985.

④ Imran H，Zahid R，Arain G A，et al. How Do Internal and External CSR Affect Employees' Organizational Identification? A Perspective from the Group Engagement Model［J］. Frontiers in Psychology，2016（7）：788.

⑤ Farooq O，Rupp D E，Farooq M. The Multiple Pathways through which Internal and External Corporate Social Responsibility Influence Organizational Identification and Multifoci Outcomes：The Moderating Role of Cultural and Social Orientations［J］. Academy of Management Journal，2017，60（3）：954－985.

的实践。将企业社会责任背景下的和谐劳动关系界定为内部企业社会责任，即对员工的责任；外部责任则包括由政府、顾客、社区、生态环境以及慈善公益等构成的外在利益相关者主体。

（二）内部企业社会责任与外部企业社会责任的关系

对于一个资源有限的企业而言，当不同的利益相关者诉求都要满足时，企业到底应采用什么策略一直是企业社会责任领域中争论的焦点①②。归结起来，这些观点大致可分为三类：平衡协同论、冲突对立论和综合论。

平衡协同论的观点由 Buono 和 Nichols（1985）提出，他明确指出平衡利益相关者取向问题③。这一部分学者主张利益相关者是相互依存共生的整体，割裂不同利益相关者并不能促进组织发展④。同时为了促进企业成功，企业必须让所有利益相关方群体参与进来，让他们积极沟通，建立合作信任关系，让他们相信他们的关注和利益能够得到公司经理的公平处理⑤⑥。

---

① Wood, D. J. Corporate social performance revisited [J]. Academy of Management Review, 1991, 16 (4), 691 - 718.

② Jung, H. J., Kim, D. O. Good neighbors but bad employers: Two faces of corporate social responsibility programs [J]. Journal of Business Ethics, 2016, 138 (2): 295 - 310.

③ Buono, A. F., Nichols, L. T. Corporate policy, values, and social responsibility [M]. Praeger Publishers, 1985.

④ Jamal, T. B., Getz, D.. Collaboration theory and community tourism planning [J]. Annals of Tourism Research, 1995, 22 (1): 186 - 204.

⑤ Berman, S. L., Wicks, A. C., Kotha, S., and Jones, T. M.. Does stakeholder orientation matter? The relationship between stakeholder management models and firm financial performance [J]. Academy of Management Journal, 1999, 42 (5): 488 - 506.

⑥ Li, Y., Hunter, C.. Community involvement for sustainable heritage tourism: a conceptual model [J]. Journal of Cultural Heritage Management and Sustainable Development, 2015, 5 (3): 248 - 262.

在此影响下，后续学者 Cavaco 和 Crifo（2014）也从社会责任投资视角，提出互补式企业社会责任（Complementarity CSR）的概念①。互补式企业社会责任强调不同的企业社会责任实践之间的协同促进作用。互补意味着投资于一种社会责任维度（如对员工）将会增加投资另一种社会责任维度所带来的价值（如客户和供应商）。以福特公司为例，该公司通过提出创新项目同时整合了供应商合伙伙伴和员工的利益来实现企业的发展②。

平衡协同论认为，理论上企业可以通过整合不同利益相关者的战略来履行社会责任，从而实现企业目标。它更强调企业社会责任各对象之间可能存在的交互性，而不是内外部利益主体不可兼容。这种互补性或者协同性会给企业带来诸多好处：（1）企业社会责任对象的相互依赖性有助于企业实现利益相关者整合，如企业着手环境保护，不仅整合了供应商的绿色供应平台资源也在过程中融合了员工技能提升，并最终通过消费者的溢价购买来补偿成本。（2）互补性加强了各利益相关者管理过程中积累的知识、人才和技术的联系，促进了企业无形资源的外溢。（3）互补性同时也是价值提升的利器③。

---

① Cavaco S，Crifo P. CSR and financial performance：complementarity between environmental，social and business behaviours [J]. Applied Economics，2014，46 (27)：3323－3338.

② Dold，M. Business and human rights case study：the Ford approach towards human rights and business integration，in Embedding Human Rights in Business Practice III，Gula，L (Ed)，United Nations Global Compact，New York，2009.

③ 唐鹏程，杨树旺．企业社会责任投资模式研究：基于价值的判断标准[J]. 中国工业经济，2016（7）：109－126.

然而，实际中由于企业资源的有限性，冲突因素总是隐藏在不同利益相关者之间。例如，消费者希望用低价购买产品，而股东则希望通过产品提价来获取收益[①]。因此另一部分学者提出与上文平衡论相反的“冲突对立论”[②]，他们主张在给定资源条件下，企业很难平衡所有利益相关者的诉求。同时由于利益冲突和利益相关方群体之间存在分歧，在不同的时间点和不同的情况下，管理者别无选择，只能通过评估、加权和优先考虑相互对立的主张来“平衡利益相关者的利益”或者通过第三方调解来缓解这种冲突[③]。利益相关者冲突最初争论颇久的是股东与其他利益相关者之间的利益冲突[④⑤]。此后冲突的焦点不再局限于这两个笼统的利益相关者主体，而是转移到更多其他主体中，如员工、顾客、供应商等。基于此背景，Cavaco 和 Crifo（2014）进一步将这种冲突的不可缓和性扩大，并提出替代式企业社会责任策略（complementary CSR）的概

① Orts, E. W., Strudler, A.. Putting a stake in stakeholder theory [J]. Journal of Business Ethics, 2009, 88 (4): 605 -615.

② Caney, M., Gedajlovic, E., Sur, S.. Corporate governance and stakeholder conflict [J]. Journal of Management & Governance, 2011, 15 (3): 483 -507.

③ Lampe, M.. Mediation as an ethical adjunct of stakeholder theory [J]. Journal of Business Ethics, 2001, 31 (2): 165 -173.

④ Friedman, M. The Social Responsibility of Business is to Increase its Profits [J]. The New York Times Magazine, 1970 (1): 122 -126.

⑤ Cheng, C. S. Agnes and Li, Xiaohui and Sun, Zeyu and Xie, Jing. Corporate Social Responsibility and Shareholder - Stakeholder Conflict: Evidence from a Quasi - Natural Experiment (August 26, 2018). Asian Finance Association (AsianFA) 2017 Conference. Available at SSRN: https://ssrn.com/abstract = 2914724 or http://dx.doi.org/10.2139/ssrn.2914724.

念[①]。替代式企业社会责任主要表现为不同企业社会责任维度之间的冲突性和侵蚀效应，即投资多个企业社会责任维度耗费成本或者投资其中一个（如环境保护）会减少投资另一个（如消费者和供应商）的相对价值。近年来，学术界纷纷采用不同术语来界定这种冲突（或者说不一致性，非对称性）。一部分学者用企业社会责任解耦界定企业在履行实践中存在“说一套”和“做一套”问题[②]；另一部分学者用企业责任伪善来定义“同一社会责任战略在不同组织中的执行情况及消费者感知情况大相径庭”的现象[③]。不管是何种形式的术语，这些社会责任解耦行为或伪善行为的存在，也正说明企业履行社会责任时在不同利益相关者诉求中难以平衡的窘境。在企业资源有限的情况下，一些企业主动牺牲某些利益相关者的利益来满足其他具有竞争关系的利益相关者的需求。正如高勇强等（2012）研究指出，企业用外在的慈善行为（“红领巾”）迎合外部利益相关者，以遮盖其内部利益相关者社会责任缺失的事实（“绿领巾”）[④]，部分企业责任行为甚至“金玉其外，败絮其中”，与企业社会责任的初衷背道而驰。

冲突对立论的隐含前提是企业在履行社会责任过程中存在

---

① Cavaco S, Crifo P. CSR and financial performance: complementarity between environmental, social and business behaviours [J]. Applied Economics, 2014, 46 (27): 3323 -3338.

② Heese, J., Krishnan, R., Moers, F. Selective regulator decoupling and organizations' strategic responses [J]. Academy of Management Journal, 2016, 59 (6): 2178 -2204.

③ 陈华. 企业伪善行为及其动因研究[J]. 江苏社会科学, 2016 (6): 50 -57.

④ 高勇强, 陈亚静, 张云均. “红领巾”还是“绿领巾”: 民营企业慈善捐赠动机研究[J]. 管理世界, 2012 (8): 106 -114.

责任的侧重点和侧重对象，并且在分配企业资源中也会有所侧重。整体而言，当企业更侧重某种责任时，是否存在忽视另一种责任的倾向？现有文献给出的证据是，企业社会责任的冲突性形式取决于企业履行社会责任的动机，如漂绿行为①、“明里捐赠，暗里避税”的现象②、或者既捐赠又暗地里污染坏境③。以 QD 公司为例，尽管多次深陷“环保门”，该公司却积极进行社区回馈，投身公益事业。这种盲目与混乱表明企业会通过对一种利益相关者的投入转移公众对其另一维度表现不佳的注意，以实现“漂绿”。甚至这些企业社会责任异象不只存在于中国企业，其他发展中国家企业情况大致也如此④。例如，Welford（2004）分析 30 家韩国企业的社会责任情况时发现，其社会责任主要面向社会事务而忽视了内部劳工标准⑤。至此，对于某些向来以“责任企业”形象著称的企业来说，深挖其社会责任不一致问题（Inconsistency CSR）就变得尤为重要。

学术界对于内外部企业社会责任不一致现象众说纷纭，并产生多种概念及定义。主流学者将其界定为企业伪善（corpo-

---

① Delmas, M. A., Burbano, V. C.. The Drivers of Greenwashing [J]. California Management Review, 2011, 54 (1): 64 - 88.

② 李增福，汤旭东，连玉君．中国民营企业社会责任背离之谜[J]. 管理世界，2016 (9): 136 - 148 + 160 + 188.

③ Du, X.. Is corporate philanthropy used as environmental misconduct dressing? Evidence from Chinese family - owned firms [J]. Journal of Business Ethics, 2015, 129 (2): 341 - 361.

④ Jung, H. J., Kim, D. O. Good neighbors but bad employers: Two faces of corporate social responsibility programs [J]. Journal of Business Ethics, 2016, 138 (2): 295 - 310.

⑤ Welford R. Corporate Social Responsibility in Europe and Asia [J]. Journal of Corporate Citizenship, 2004 (13): 33 - 52.

rate hypocrisy)[①]，即企业社会责任行为和责任标准间的不透明和不连续性[②]，在此话题下进一步研究企业伪善如何影响消费者态度和品牌声誉[③]及领导者伪善[④]。另一部分学者则将其定义为企业实质性责任（Substantive CSR）和象征性责任（Symbolic CSR）的冲突，并关注其对公司绩效的影响[⑤]和对员工态度的影响[⑥]。还有一部分学者从新制度理论与组织社会学相结合的视角将其更宽泛地界定为企业社会责任解耦（CSR Decoupling）[⑦⑧]，即组织表面上服从某些制度规则却在实际操

---

① Brown C. The Organization of Hypocrisy: Talk, Decisions and Actions in Organizations [J]. Journal of the Operational Research Society, 1991, 42 (7): 615 - 616.

② Wagner, T., Lutz, R. J., Weitz, B. A. Corporate hypocrisy: Overcoming the threat of inconsistent corporate social responsibility perceptions [J]. Journal of Marketing, 2009, 73 (6): 77 - 91.

③ Fassin, Y., Buelens, M. The hypocrisy - sincerity continuum in corporate communication and decision making: A model of corporate social responsibility and business ethics practices [J]. Management Decision, 2011, 49 (4): 586 - 600.

④ Greenbaum, R. L., Mawritz, M. B., & Piccolo, R. F. When leaders fail to "walk the talk" supervisor undermining and perceptions of leader hypocrisy [J]. Journal of Management, 2015, 41 (3): 929 - 956.

⑤ Schons, L., Steinmeier, M. Walk the talk? How symbolic and substantive CSR actions affect firm performance depending on stakeholder proximity [J]. Corporate social responsibility and environmental management, 2016, 23 (6): 358 - 372.

⑥ Donia, M. B., Tetrault Sirsly, C. A., Ronen, S. Employee attributions of corporate social responsibility as substantive or symbolic: Validation of a measure [J]. Applied Psychology, 2017, 66 (1): 103 - 142.

⑦ Meyer, J. W., Rowan, B. Institutionalized organizations: Formal structure as myth and ceremony [J]. American journal of sociology, 1977, 83 (2), 340 - 363.

⑧ Heese, J., Krishnan, R., Moers, F. Selective regulator decoupling and organizations' strategic responses [J]. Academy of Management Journal, 2016, 59 (6): 2178 - 2204.

作中进行策略性的响应，这在企业社会责任报告中有明显的体现[①]。

综合论则是综合上述两种理论阵营的观点，认为公司产生长期财务业绩的能力由关键利益相关者的关系决定，利益相关者之间既可以相互补充促进，也可以相互冲突对立。Post 等（2002）提出的新利益相关者理论（New Stakeholder Theory）是该观点的体现[②]。同时国内学者唐鹏程和杨树旺（2016）也提出类似的观点，他们认为企业社会责任对象既有协调性也有对立性[③]。上述不同理论观点的部分代表性文献如表 0 - 2 所示。

纵观上述文献主要存在以下不足：

（1）多数研究主要基于西方发达国家或其他发展中国家，由于企业社会责任的高度情境化特征，这些结论直接用于解释中国企业社会责任现状说服力不足[④]。构建中国特色和谐劳动关系不仅停留在西方理论中的劳动报酬、休息休假、劳动安全卫生保护、社会保险等基本权益的保障上，更注重以人为本，给予职工人文关怀和教育引导。中国企业的社会责任也有不同的内涵。这些具有中国情境特色的因素也会造成企业在推进实施企业社会责任中呈现与西方情境不一样的特点。

---

① Marquis, C., Qian, C. Corporate social responsibility reporting in china: Symbol or substance? [J]. Organization Science, 2014, 25 (1): 127 - 148.

② Post, J., Preston, L. and Sachs, S. Managing the extended enterprise: the new stakeholder view [J]. California Management Review, 2002 (45): 6 - 28.

③ 唐鹏程，杨树旺．企业社会责任投资模式研究：基于价值的判断标准[J]. 中国工业经济，2016 (7): 109 - 126.

④ Tilt, Carol A. Corporate social responsibility research: the importance of context [J]. International Journal of Corporate Social Responsibility, 2016, 1 (1): 2.

表 0-2　持不同理论观点的部分代表性文献列表

理论观点	作者	主要观点	企业社会责任所涉及的方面
平衡协同论	Buono 和 Nichols（1985）	不同的企业社会责任实践之间的协同作用，但也并非强调对各种利益相关者等量齐观	内部社会责任、外部社会责任
	Na Ni 等（2014）	当企业管理利益相关者关系时，企业可以通过激励员工为外部利益相关者的利益做出贡献而获益	员工责任、外部社会责任
	Liu 等（2017）	企业环境责任对企业慈善事业有显著影响；在环境责任上花费更多资源的公司更有动力参与慈善活动，以获得由当地政府控制的必要资源	环境责任、公益责任
	Freeman 等（2006）	管理者必须保持这些利益相关者的利益平衡，希望彼此相互促进	内部社会责任、外部社会责任
冲突对立论	Welford（2004）Scheidler 等（2018）Choi 等（2010）Jung 和 Kim（2016）	在有限资源下，企业分配更多资源来履行社会责任，而忽视员工权益或分配给内部的资源	员工责任、外部社会责任
	李增福等（2016）	企业捐赠越多，其避税程度反而越高	慈善责任、纳税责任

续表

理论观点	作者	主要观点	企业社会责任所涉及的方面
	Du 等（2016）	企业慈善事业可能被环境不友好的公司用来缓解企业环境责任行为弱势的负面影响	环境责任、公益责任
	邹萍（2018）	企业社会责任信息披露及披露质量与企业实际税负均呈负相关，企业明面上在积极主动地披露社会责任信息，暗地里却在从事避税行为	纳税责任、责任披露
综合论	Cavaco 和 Crifo（2014）Post 等（2002）	基于互惠互利原则的自愿性利益相关者之间的企业社会责任实践可能会对财务业绩产生协同效应（例如员工和供应链），而自愿和非自愿利益相关者之间的企业社会责任实践可能导致冲突（例如供应链协会和环境管理）	员工责任、供应商责任、环境责任
	高勇强等（2012）	在产品责任方面（研发投入）表现更好、有工会组织、环保投入越多，以及员工薪酬福利水平越低的企业慈善捐赠越多	产品责任、环保责任、员工责任、公益责任

资料来源：作者根据文献整理

（2）西方有文献分析企业在履行社会责任中存在双面行为或者不一致行为。然而，中国企业社会责任历史不长，对于内外部企业社会责任的关系缺乏实证研究。中国对和谐劳动关系高度强调，那么对于内外部企业社会责任关系是否有不同的解读?

（3）以往研究往往只停留在国家层面关注我国和谐劳动关系建设的现状或困境、对策，鲜有文献涉及企业通过履行员工责任来构建和谐劳动关系的动因，更缺乏对深层作用机制的探索。

三、研究意义

中国企业面临着建设和谐社会和经济跨越式发展的双重环境，企业作为社会发展的重要单元，一方面需要履行作为社会组织细胞的职能，通过构建企业和谐劳动关系来完成和谐社会建设的重任；另一方面也需要实现自身的经济职能。中国经济飞速发展，企业要面对不同的利益相关者，在资源有限的情况下，企业的社会责任履行面临诸多挑战。本书通过理论分析和实证分析，解剖中国内外部企业社会责任关系。

（一）理论意义

首先，解读中国内外部企业社会责任关系。以往西方研究中以企业社会责任作为研究变量时，大多数观点认为，履行社会责任意味着企业在做好事（Doing Good）。相反的观点认为，企业社会责任在满足某些利益相关者诉求时也有可能对另一部分利益相关者产生伤害（Doing Harm），企业社会责任可能是“好坏参半”的整合体，甚至是“只重面子而忽视里子”的矛盾体。然而，中国高度重视建立和谐劳动关系，要求企业贯彻劳动法律法规，创建和谐劳动关系。那么中国内外部企业社会责任是怎样的关系？本书将运用实证研究进行解剖。

其次，中国企业推行和谐劳动关系和社会责任的动因剖析。学术界关于企业社会责任及和谐劳动关系的研究，偏重于现象解析、制度剖析及绩效后果研究。少有从企业微观层面解剖企业推进 CSR 与和谐劳动关系的动因，本书对此做一番探索。

最后，本书进行整合研究。一是视角的整合。学术界对企业社会责任和劳动关系的研究，多数是从分割的角度进行。本书从 CSR、IR（劳动关系）、HRM（人力资源管理）整合的角度进行研究，着重探讨企业在 CSR 和劳动关系上的行为。二是研究方法的整合。本书既运用二手资料（企业社会责任报告）对内外部企业社会责任关系进行分析，也运用上市公司年报进行数据解析；同时还运用典型案例剖析。多种实证研究方法从不同层面解读内外部企业社会责任关系，试图揭示出客观规律。

（二）实践意义

本书的研究结论为企业实践及政府政策制定提供指导。

一是提供中国内外部企业社会责任的素描图，为政策制定者提供决策参考。如何引导企业履行社会责任？如何引导企业构建和谐劳动关系？如何促进内外部企业社会责任的平衡？这些是制定政策时要考虑的问题。而要制定合理的、有前瞻性的政策引领企业发展，就先要把握企业动态，了解内外部企业社会责任的运行机制。

二是揭示企业社会责任及劳动关系运行状况及其相互关系，为企业实践提供管理建议。践行企业社会责任、构建内部和谐劳动关系既是政府政策导向，也是企业可持续发展的必然选择。企业如何平衡各利益相关者的关系以达到资源配置最佳状态？本书涉及的理论及典型案例研究可以提供参考。

三是分析内外部企业社会责任关系，探索中国企业的运作规律，为社会合理引导企业提供借鉴。社会资源需要平衡，我们既需要慈善榜，更需要和谐劳动关系榜。对此，社会组织、舆论、公众也应该有正确的理念，只有这样企业才有良性发展的氛围。

四、研究思路和方法

（一）研究思路

本书遵循“文献研究—实证研究—理论提炼—对策建议”的研究思路。研究问题从观察现实中得来，再回到理论，从阅读文献中发现与现实问题对话的理论，选准理论视角；接着构建实证研究思路，从宏观、微观不同层面，以二手数据和一手资料进行检验；从实证研究中提炼出规律，提出相应的理论创新，在此基础上提出对策建议。研究思路如图 0－1 所示。

（二）研究方法

本书采用定性和定量相结合的方法完成对这一研究问题的论证。

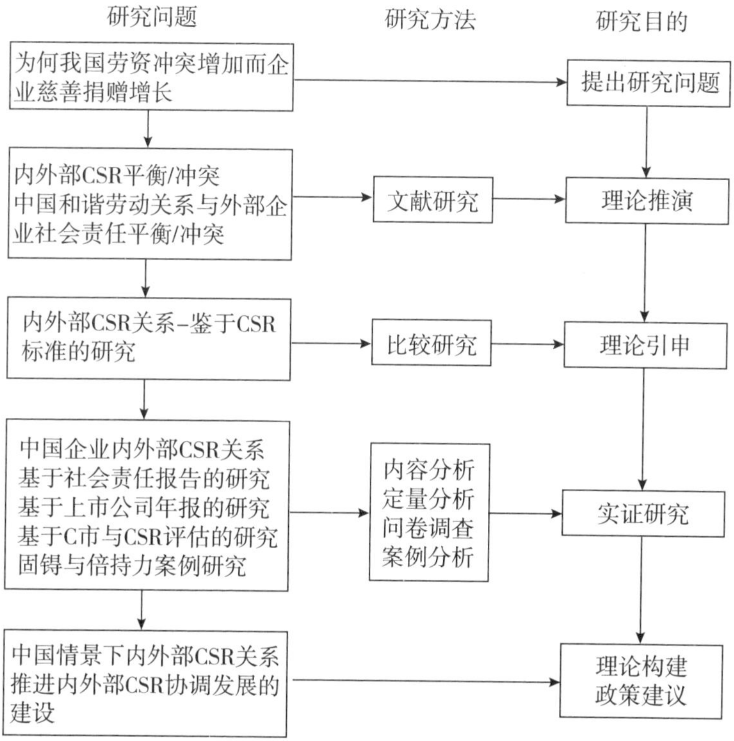

图 0-1　研究思路

1. 文献研究

文献研究通常是社会科学研究的第一步，它能使研究站在前人的肩膀上，并能为研究提供正确的理论工具。本研究收集中英文关于“企业社会责任”“劳动关系”“利益相关者”“人力资源管理”等大量文献。通过阅读这些文献发现理论研究的空白，进而界定研究概念，内涵和外延，梳理出理论发展脉络，找准理论分析视角。

2. 比较研究

比较研究是将相同或相异的事物进行比较分析，揭示相同或相异的程度，探索其中的客观联系。本书对国内外企业社会责任标准进行比较研究，探讨主要社会责任标准中内外部社会责任的异同。

3. 实证研究

实证研究遵循“研究设计—数据分析—结论探讨”的思路。由于本书中数据来源的多样性，因此我们针对不同数据类型采用不同的分析方法。

首先，针对企业社会责任报告的内容分析法。内容分析法适合针对描述性信息内容进行量化分析，该方法的客观性、系统性特征可以克服其他研究方法的主观性和不确定性的不足，实现对文本信息数据的形式和内容的全面解析。在根据事先确定的信息选择标准框定内容后，研究者把文本信息编码并分类，从而将定性的文本信息转化为定量的数据，以便进一步的科学研究。本书选定制造业上市公司 2016 年的社会责任报告作为分析样本，构建分析框架，编码和定量统计等，据此探索出规律。

其次，针对上市公司年报二手数据进行定量分析，依据研究问题基于统计数据建立数学模型，并计算和分析对象的各种指标和数值。二手数据在样本的大小和时间跨度上具有明显优势，且都是可以反映企业经营情况的客观指标，可以避免主观臆断，保证分析的客观性。本书选择我国 A 股上市公司 2006—2016 年的面板数据为样本，通过描述性统计、相关分析和回归结果分析等检验假设。

最后，针对某市 30 家企业的社会责任评估的第一手数据的定量研究。第一手资料更具有实感，笔者全程参与此次评估，通过参与观察，洞察事物真相，弥补二手数据可能存在的缺陷。通过对这些评估数据的统计分析，探索其中的规律。

4. 案例研究

案例研究是更细致的实地研究方法，通过观察案例企业，访谈关键人员，分析关键事件，剖析案例发生发展的所有素材，发现其中的规律。本书基于外部组织合法性及内部管理者价值观和特质多重视角，选取内外部社会责任平衡发展的企业，分析这些案例中内外部社会责任运作机理、产生的效果，探索内外部企业社会责任的平衡及和谐劳动关系的构建策略。

总之，本书的实证研究从企业社会责任报告、年报等二手资料和宏观层面，到一个城市的社会责任评估一手资料和中观层面，再到具体企业微观层面的案例解剖，试图对研究问题进行全面分析，得出客观的结论。

（三）研究内容

本书共有七章。绪论；第一章为理论基础；第二至六章为内外部企业社会责任关系研究，从社会责任标准的比较研究到中国企业的实证研究；第七章为结论。

绪论部分立足全局，分析研究背景、研究问题，提出研究思路和方法。

第一章提出内外部企业社会责任的理论。以企业社会责任为中心，从理论上系统梳理企业社会责任“里子与面子”的关系。理论上而言，学者们将内部和外部利益相关者的关系分为平衡型[①]和非对称型[②]，由此产生两个截然相反的理论阵营：

---

① 盛亚，单航英．利益相关者与企业技术创新绩效关系：基于高度平衡型利益相关者的实证研究[J]．科研管理，2008（6）：30－35.

② 盛亚，王节祥．利益相关者权利非对称、机会主义行为与CoPS创新风险生成[J]．科研管理，2013，34（3）：31－40.

平衡协同假说与冲突对立假说。平衡协同假说意味着企业社会责任各对象可对企业价值形成合力协同效应，增加对某一社会责任项目的投资也会带来其他社会责任项目的增长。企业可将某些类型的利益相关者有机整合到社会责任项目中，促使它们建立强联系，从而提高企业竞争优势。对内外部企业社会责任对立替代假说的解释，主要依赖于利益相关者显著性理论、过度投资假说和成本控制视角。利益相关者显著性概念被定义为在面对利益相关者的竞争性诉求时，管理者优先考虑哪些利益相关者诉求的程度。这一理论承认不同利益相关者群体本身就存在潜在冲突，而最终企业作出偏向某一类型利益相关者群体而忽视另一类利益相关者群体的企业社会责任决策，主要来自这些群体之间如何在诉求上取得更大优势或者话语权。综合论认为公司产生长期财务业绩的能力由与关键利益相关者的关系决定，利益相关者之间既可以共生共赢，也可以相互冲突对立。中国学者将这种“平衡”定义为“一致性”，将“冲突”定义为“非对称性”来刻画企业履行社会责任的整体特征。和谐社会背景下，中国企业应采取平衡协同策略，平衡内外部之间的关系，维持种种社会关系的和谐发展，对内构建和谐劳动关系，对外做好各外部利益相关者的责任。国有企业成为经济属性和社会属性内在统一，需要履行对各利益相关者的责任，承担更多政府责任和社会责任。国有企业在中国经济中占有很大比重，因此内外部企业社会责任的平衡性更有可能实现。相反的观点主张非对称性，从历史背景（中国引入企业社会责任历史不长）、利益相关者显著性和企业发展战略（低成本发展战略）三个方面加以解释。

第二章从企业社会责任标准的比较研究中探索内外部社会

责任的关系。首先回溯了企业社会责任历史，从中分析劳工权益保护与社会责任运动的关系。企业社会责任最早源自西方劳工保护的运动，国际劳工组织（ILO）于1919年成立。20世纪20—60年代，产品质量、工伤、环境问题日益严重，产生了大量消费者诉求、劳工运动、环保运动等。经济全球化推动劳工保护运动全球化。中国沿海地区引进外资企业，兴办“三来一补”企业，国际社会责任标准及运动随之引入，关于劳工保护的SA8000及“验厂”在珠三角、长三角等企业实行，对我国改进劳动条件有一定促进作用，但推进作用不大。在国际社会组织及民众、跨国公司（其代表是第三审查机构）、中国供应商的博弈中，跨国公司可能与供应商联手，编制出失真的社会责任验厂报告，应付国际社会组织和民众。加入WTO后，中国经济快速融入全球，进一步推动了企业社会责任运动，政府推出了一系列法律，行业协会推进企业社会责任运动；地方总工会借助和谐劳动关系的推进开展企业社会责任活动；媒体和学术界也是重要推动力。2015年3月中共中央、国务院发布《关于构建和谐劳动关系的意见》，将和谐劳动关系建设提到前所未有的高度。

其次对主要社会责任标准进行比较研究。国际企业社会责任标准有近400个，以ISO26000和GRI可持续发展报告这两个影响广泛、我国企业采用最多的国际综合标准来分析，二者都极其强调企业对劳工的社会责任，所涉内容包括劳工实践与人权事务，不但要求企业履行国际劳工组织制度的相关劳工保护法则，而且要求在工作场所实行社会对话和员工参与；而且两个社会责任标准都强调企业应该承担对供应链的劳工和人权事项的审查和检测。对外部利益相关者，两个标准都强调消费者、环境、社区及公共政策。此外，两个标准都从企业治理结构方面提出要求，促使企业进行社会责任管理。2015 年发布的 GB/T 36000－2015《社会责任指南》国家标准，基本遵循 ISO26000 基本原则，以便与国际接轨，但根据中国法律对 ISO26000 关于人权的内容进行修改，如将“集体谈判”改为“集体协商”；将“自由结社”置换为“员工依法参加和组织工会的权利”；将“社会对话”议题修改为“民主管理和集体协商”。深圳证券交易所和上海证券交易所对上市公司的社会责任指引，都全面概述了内外部企业社会责任内容。二者对内部企业社会责任的指引都反映了中国劳动关系的特征，主要关注员工个体法律权益的保护、经济权益的保护，深交所虽然也提出了工会和职代会、职工董事监事等民主参与的要求，但都没有对我国法律要求的集体协商等职工集体权益提出指引。在外部企业社会责任方面，比较注重企业的经营责任（包括股东、消费者等）和环保责任。

第三章对中国内外部企业社会责任关系进行实证研究，以上市企业自身披露的社会责任报告作为分析对象，探讨企业在履行社会责任的过程中究竟是更重视“面子”还是更重视“里子”。选择 2016 年度 98 家制造企业社会责任报告进行分析，发现我国制造业企业的整体责任水平并不容乐观，企业和谐劳动关系披露的具体内容主要包括员工薪酬福利、员工职业安全与健康、平等雇佣、改善工作环境、依法签订和履行劳动合同、员工职业培训与发展、员工沟通关怀、救助困难员工、增加就业等方面，外部社会责任主要包括社会公益慈善、环境保护、消费者或客户责任、商业伙伴责任、政府责任等。从披露信息的详细程度来看，多数企业倾向于较为详细地披露外部社会责任（如慈善捐赠、社会公益、环境保护），而对内部责任中真正反映和谐劳动关系的部分和与劳动者切身利益相关的部分披露则不足甚至不披露。例如，对于平等雇用问题、企业签订合同的比率问题，以及如何对待劳务派遣工问题，不少企业避而不谈。企业社会责任报告中关于和谐劳动关系的披露中给出的信息量多数集中在中等水平，与之相反的是绝大多数企业对社会公益和慈善的披露水平较高。

第四章以上市公司年报作为研究对象来实证分析内外部企业社会责任的关系。对 2006—2016 年 6657 个企业年报样本进行定量研究，发现中国现有情境下，企业更倾向于进行外部责任行为，而忽视内部员工权益保护，内外部企业社会责任的冲突对立在中国情景下比较明显。从时间上来看，无论是企业生命周期的哪一阶段，样本企业外部企业社会责任均值始终大于内部社会责任均值。在成长期，企业需要较多的外部资源和外在形象支持企业的发展，此时外部社会责任明显大于内部社会责任；成熟期相对来说稍平衡，内外部社会责任投入均在成熟期达到最大。衰退期企业内外部社会责任投入都减少，内外部社会责任的不平衡也较显著。

第五章以 C 市企业社会责任评价数据为分析对象，继续探讨内外部企业社会责任的关系。C 市从 2010 年底开始启动企业社会责任建设工作。经过三年多的努力，2014 开展了首届企业社会责任评价，这是内陆省会城市中首个进行的市级层面企业社会责任评价。本次评价有几十家企业报名，最终筛选出符合条件的 30 家。经过数据分析发现，30 家企业履行社会责任参差不齐。整体来说，30 家企业的社会责任基本指标（法律政策要求做到的指标）履行最好，得分率为 94.6%；其次为进步指标（引导性指标，表明更高的社会责任要求），得分率为73.04%。再次为个性指标（主要在环境保护方面），整体效果不佳。履行基本指标好的依次是用工责任、经营责任、公益责任、环境责任；履行进步指标好的依次为公益责任、经营责任、用工责任、环境责任。这说明企业履行外部社会责任（公益、经营）更有动力，而履行内部社会责任（用工责任）更源于压力（法律政策要求）。

第六章为案例研究，以市场化的民营企业作为案例解剖对象，从微观层面分析内外部企业社会责任的关系，并探讨企业社会责任及构建和谐劳动关系的动因。从前面几章的实证研究看，内外部企业社会责任的冲突对立在中国情境下得到证实。然而，还是有一些典型企业，将内外部社会责任平衡协同发展。苏州固锝“幸福企业”案例实现了内外部社会责任的和谐统一，其幸福链条：“员工幸福—机器幸福—材料幸福—环境幸福—产品幸福—客户幸福”，将内部员工责任与外部消费者责任和谐统一起来；通过“员工幸福—社区幸福—城市幸福—万物幸福—可持续发展”，将内部社会责任与社区（广义与狭义）责任、政府责任、公众责任和谐统一。深圳倍特力则基于企业家个人特质及其情怀，在内外部环境的不断变化中顺势而为，构建和谐劳动关系。和谐的内部员工关系，不但为消费者创造了高品质的产品，还促成企业在公益慈善等外部社会责任方面的成就。

第七章为研究结论与对策建议。

第一章

劳动关系协调与外部企业社会责任关系的理论研究

经历几十年发展，企业社会责任的概念逐渐丰富和拓展①②，其依赖的理论基础主要是利益相关者理论③。所谓企业社会责任是指在实现股东利益最大化目标的同时，对于增进和维护非股东利益相关者利益所负有的法律和道德责任④。

理论上而言，学者们将内部和外部利益相关者的关系分为平衡型⑤和非对称型⑥，由此产生两个截然相反的理论阵营：平衡协同假说与冲突对立假说。与此相对应，Cavaco & Crifo（2014）综合上述理论观点，提出企业在面对不同利益相关者诉求以及处理利益相关者关系时也会采取平衡互补型的企业社会责任策略（Complementarity CSR）和对立替代型的企业社会

---

① Davis, K. Can business afford to ignore social responsibilities? [J]. California Management Review, 1960, 2 (3): 70 – 76.

② Jamali, D., Lund – Thomsen, P., and Jeppesen, S. SMEs and CSR in developing countries [J]. Business & Society, 2017, 56 (1): 11 – 22.

③ Freeman, R. E., & Velamuri, S. R. (2006). A new approach to CSR: Company stakeholder responsibility. In Corporate social responsibility. Palgrave Macmillan, pp. 9 – 23.

④ 李宁琪，王艳平．企业和谐劳动关系构建的博弈——基于社会责任的视角[J]．郑州航空工业管理学院学报，2008（5）：91 – 94.

⑤ 盛亚，单航英．利益相关者与企业技术创新绩效关系：基于高度平衡型利益相关者的实证研究[J]．科研管理，2008（6）：30 – 35.

⑥ 盛亚，王节祥．利益相关者权利非对称、机会主义行为与 CoPS 创新风险生成[J]．科研管理，2013，34（3）：31 – 40.

责任策略（substitutabilities CSR）①。互补性企业社会责任强调不同企业社会责任实践之间的协同作用。互补意味着投资于一种社会责任维度（例如对员工）将会增加投资另一种社会责任维度所带来的价值（例如客户和供应商）。与之相反，替代式企业社会责任的特点是不同企业社会责任维度之间存在冲突性和侵蚀效应，即投资多个企业社会责任维度耗费成本或者投资其中一个（例如环境保护）会减少投资另一个（例如消费者和供应商）的相对价值。而在中国情境下，和谐劳动关系对应了企业的员工责任，外部社会责任则对应了面向其他主体的责任行为，因此和谐劳动关系与外部企业社会责任一起构成了企业社会责任这个大范畴中不可分割的两个方面。虽然在理论上和实证中对两者关系都有一些相关研究，但目前仍存在较大争议待解决。

基于此，本章的结构安排如下：第一节先从企业社会责任的全景出发，简要回顾内外部社会责任关系的相关理论和一般规律；第二节将中国情境作为一种“特殊的研究背景”置于内外部企业社会责任理解的全逻辑链条进行再剖析，对企业和谐劳动关系和企业外部企业社会责任关系进行解释。这一章节理论基础部分遵循图 1 - 1 所示的思路进行分析。

① Cavaco S, Crifo P. CSR and financial performance: complementarity between environmental, social and business behaviours [J]. Applied Economics, 2014, 46 (27): 3323 - 3338.

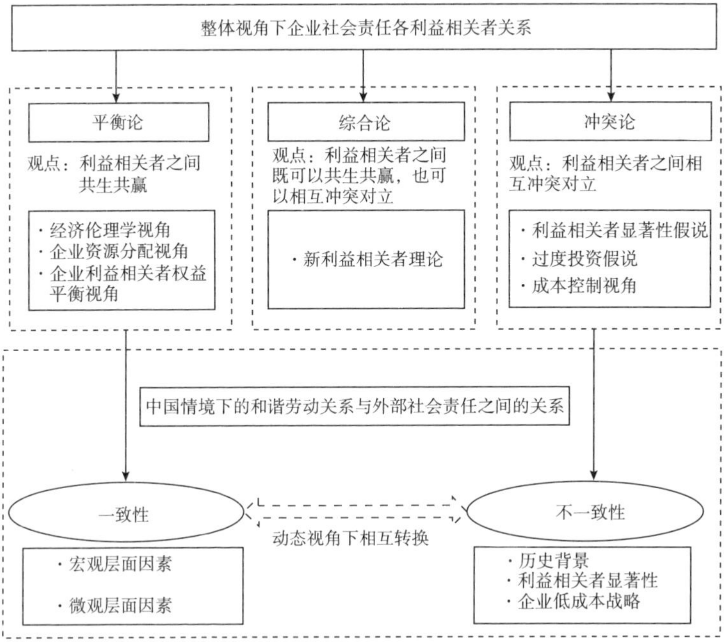

图 1-1　理论基础结构

第一节　理论基础

一、平衡协同假说

平衡协同假说（或称互补协同假说）的提出主要依赖于企业社会责任对象的协调性。这一思路类似于经济学中的互补品概念。从互补协同的视角看，增加对某一要素 A 的投资也会带来要素 B 的投资增长。相较于以往强调企业社会责任的衡量要么以笼统求和加总，要么用慈善捐赠这一单一维度代替企业社会责任的整体概念，这种互补协同的理念不仅不会因为突出企业社会责任各对象间的异质性而割裂各利益相关者群体的关系，相反地，它更强调企业社会责任各对象之间可能存在的交互性和互动性。

互补意味着企业社会责任各对象可对企业价值形成合力协同效应，那么企业可将某些类型的利益相关者有机整合到社会责任项目中，促使它们建立强联系，从而提高企业竞争优势。例如，企业在履行对上下游供应链合作伙伴责任时，不仅需要供应商的配合，也需要内部员工的积极参与。Cavaco 和 Crifo（2014）就在其提出的平衡互补策略中再次印证了这种观点①。

总体来说，现有文献分别从经济伦理学理论、资源分配理论和利益相关者权利视角解释了企业全面履行平衡协调型社会责任的合理性。这些理论影响着企业对社会责任行为的基本认知，也成为企业作出全面社会责任战略部署的理论依据。

1. 经济伦理学视角

长期以来，企业社会责任是国内外经济伦理学界讨论的热点话题。从经济伦理学视角来研究企业社会责任始于 Enderle 在 1998 年提出的"平衡的企业"概念。他在《面向行动的经济伦理学》中，提出具有道德责任感的企业应同时负有经济、社会和环境的责任，所有方面都要以一种平衡的方式来考虑。企业的经济责任、社会责任与环境责任并不能相互取代，这些责任反而构成真正责任型企业不可分割的部分。

企业社会责任在不同国家的经济伦理学中占据不同的地位。美国经济伦理学把企业社会责任作为整个学科的中心问

---

① Cavaco S, Crifo P. CSR and financial performance: complementarity between environmental, social and business behaviours [J]. Applied Economics, 2014, 46 (27): 3323 - 3338.

题，这是由于美国是一个自由市场经济制度国家，企业独立自主的同时也担负着相应的社会责任。德国则主要是将企业社会责任框定在在经济制度伦理的范围内，这也与德国的经济制度存在关联①。因此，不同的国家存在其特殊性，中国学术界结合实际国情在理论和实践上都取得了一定成果，经济伦理学视角下的企业社会责任逐步完善。由于企业是经济属性的“经济人”和伦理道德属性的“道德人”的统一体，因此除对股东承担责任外，企业还需承担对员工、消费者、供应商、政府等利益相关方的责任。基于此视角的企业社会责任实际上已超越了企业本身作为商业实体应承担的责任，而更强调企业为利益相关者履行责任的协调统一。

2. 企业资源分配视角

企业资源分配视角主要来源于资源基础观。Barnett (2007) 提出企业社会责任是兼顾社会福利导向和利益相关者关系导向的一种资源分配方式②。从企业拥有的资源和能力来说，资源基础观认为通过企业社会责任建立起来的企业——利益相关者关系是公司的无形资源，能提高企业在客户、员工、监管机构和供应商中的声誉③。在此情况下，正如冲突——解决假设所述，公司倾向于使用 CSR 减少管理者与

---

① 陈泽环. 比较经济伦理学视野中的“企业社会责任”[J]. 学海，2018 (1)：179－184.

② Barnett, M. L. Stakeholder influence capacity and the variability of financial returns to corporate social responsibility [J]. Academy of management review, 2007, 32 (3)：794－816.

③ Brammer, S., Brooks, C., & Pavelin, S. Corporate social performance and stock returns：UK evidence from disaggregate measures [J]. Financial management, 2006, 35 (3)：97－116.

公司利益相关者之间利益冲突的活动[①]。

以资源安排为基础，陈宏辉、贾生华（2005）将这种利益相关者之间的协调平衡机制看作公司治理机制中的一种制度安排[②]。因此公司治理也可以理解为公司运用多种方式来整合配置内外部资源，以协调企业所面对的多种利益相关者要求之间的冲突过程。如果企业着眼于解决利益相关者的冲突，那么企业使用互补的企业社会责任实践会有很好的效果。从这个意义上来讲，企业的本质就是“利益相关者之间的关系联结体”（A nexus of relationship among stakeholders）[③] 和资源整合体的统一。那么利益相关者的协调就是资源的协调与分配过程。

当然“等量齐观”并非对这种利益相关者平衡策略的最佳描述。而是在对利益相关者进行科学权衡的前提下，企业应该对优先的利益相关者的利益要求给予资源倾斜。对于某些利益相关者而言，适当降低其利益要求实现程度也是比较合理的。从利益相关者群体自身的权利利益诉求来说，企业内部员工群体的诉求是生活保障、职业安全和参与，而外部的公众群体的诉求往往是企业能在保护环境、慈善捐赠中贡献一份力量[④]。管理利益相关者实质上是一个价值共同创造的过程。管

① Jo, H. , & Harjoto, M. A. Corporate governance and firm value: The impact of corporate social responsibility [J]. Journal of business ethics, 2011, 103 (3): 351 -383.

② 陈宏辉，贾生华．企业利益相关者的利益协调与公司治理的平衡原理[J]. 中国工业经济，2005 (8)：114 -121.

③ 同上。

④ 盛亚，单航英．利益相关者与企业技术创新绩效关系：基于高度平衡型利益相关者的实证研究[J]. 科研管理，2008 (6)：30 -35.

理者必须保持这些利益相关者的利益平衡，希望彼此相互促进。基于该逻辑，如果将社会责任看作对利益相关者的投资，那么平衡协同意味着投资于一种社会责任维度（例如对员工）将会增加投资另一种社会责任维度所带来的价值（例如客户和供应商），即“1 + 1 > 2”的效果。以员工—顾客—股东这三种利益相关者为例，当企业通过一些措施提高一线员工忠诚度及工作效率时，有可能会改进产品质量，进而提升客户的满意度，增加投资者的收益，这样在某种意义上就实现了利益相关者的良性连锁反应。那些对待员工较好的公司能够收获员工的归属感，从而使其在面对顾客投诉时，更能从公司角度处理企业——顾客关系，维护公司外在形象。同时企业在慈善事业上慷慨解囊的行为可以作为它如何对待自己员工的推断依据之一[①]。公司对内部员工施以正面积极的价值观传导，也能促使他们主动自发地参与公司的外部责任战略执行过程，如员工主动参与企业的慈善活动。

3. 利益相关者权益平衡视角

另一部分学者的研究大多基于利益相关者理论视角探讨内外部企业社会责任的平衡协同问题。不同于传统的股东至上主义的观点，利益相关者理论认为任何一个公司的发展都是各种利益相关者参与的结果。同时它还认为利益相关者“利益—权力”结构应该对称配置，并且权利对称配置方能实现效率最大化[②]。利益相关者权益平衡视角最早可以追溯到 20 世纪

---

① Belsie, L. Corporate philanthropy as ethical indicator [J]. Christian Science Monitor, 2005.

② 盛亚，王节祥. 利益相关者权利非对称、机会主义行为与 CoPS 创新风险生成[J]. 科研管理，2013，34（3）：31 - 40.

80年代，当时利益相关者学者已普遍认识到不同利益相关者的独特性。这一研究视角主要以利益相关者主体自身的权利利益特征为中心。Buono 和 Nichols （1985） 提出不同的企业社会责任实践之间的协同作用，但也并非强调对各种利益相关者等量齐观[①]。随着研究的推进，Wood （1991） 指出平衡性企业社会责任的重要性来源于以下三个方面：个人选择（如管理者偏好）；组织层面的责任（如公司特定的利益）；制度层面的需要（如一般意义上的责任）[②]。

从以权利和利益为基础强调利益相关者主体之间的权利和利益是否都能得到满足来说，不同利益相关者群体之间的关系分为平衡型和非对称型。平衡型利益相关者群体可以进一步按照权利和利益分为高度平衡型利益相关者（权利大且利益也大）、低平衡型利益相关者（权利小且利益也小）和中间型利益相关者（权利和利益程度居中）[③]。由此可以看出不管是高平衡型（例如高管、客户和股东）还是低平衡型利益相关者（例如债权人），二者在权利和利益上都呈现均衡增长的态势，并不会出现权益和利益失衡的现象。值得指出的是，员工在这一分类中属于中间型利益相关者，其权利和利益都处于相对较弱的地位，而客户、高管则具有较强的权利和利益。整体来看，企业还是会为了追求效率最大化而统一平衡不同利益相关者群体。

---

① Buono, A. F., & Nichols, L. T. (1985). Corporate policy, values, and social responsibility. New York: Praeger.

② Wood, D. J. Corporate social performance revisited [J]. Academy of management review, 1991, 16 (4): 691-718.

③ 同上。

二、冲突对立假说

长期以来，国内外企业在平衡利益相关者的关系中不断探索，但利益相关者理论诸多理想化的设定，其结果往往不尽如人意。其中一个重要原因是企业资源的有限性和不同利益相关者群体潜在的不可调和的冲突。为弥补上述理论缺陷，不少学者以此为出发点重新界定利益相关者关系并提出了对立替代假说[①]。不同于上述企业在对待利益相关者关系中的平衡互补策略，对立替代假说的内容更强调不同企业社会责任维度之间的冲突性和侵蚀效应，即投资多个企业社会责任维度耗费成本或者投资其中一个（例如环境保护）会减少投资另一个（例如消费者和供应商）的相对价值[②]。另一个原因是企业社会责任投资具有高成本性，在考虑到企业资源可得性及利益相关者感知水平后，企业必须在利益相关者之间进行权衡取舍。典型的现象是由于环境保护过程中极强的外部性与高成本，当面临较强的环境压力时，企业更会通过社区回馈来转移公众视线，以避免陷入环境丑闻，实现“漂绿”。纵观现有文献对内外部企业社会责任对立替代假说的解释，主要依赖于利益相关者显著性理论、过度投资假说和成本控制视角。

1. 利益相关者显著性假说

利益相关者显著性概念被定义为在面对利益相关者的竞争

① Cavaco S, Crifo P. CSR and financial performance: complementarity between environmental, social and business behaviours [J]. Applied Economics, 2014, 46 (27): 3323 - 3338.

② 同上。

性诉求时，管理者优先考虑哪些利益相关者诉求的程度[①][②]。它是利益相关者理论五大焦点主题之一，同时也为企业管理者如何优化利益相关者管理提供依据[③]。这一理论暗含的假设前提是，承认不同利益相关者群体本身就存在潜在冲突，而最终企业作出偏向某一类型利益相关者群体而忽视另一种利益相关者群体的企业社会责任决策，主要来自这些群体之间如何在诉求上取得更大优势或者话语权。

根据 Mitchell 等（1997）[④] 的研究，影响利益相关者显著性的维度为合法性（legitimacy），紧迫性（urgency）和权力性（power），如图 1 -2 所示。据此企业可把利益相关者按维度占有的个数来划分。仅有一个维度的为潜在型利益相关者（根据维度不同又可细分为静态型、自主型和苛求型）。占有两个维度的为预期型利益相关者（根据维度不同又可细分为支配性、危险型和依赖型）。占有三个维度为确定性利益相关者，它对企业来说是最重要的利益相关者。至此公司可以有效区分不同利益相关者群体，从而合理调整公司决策。同时此研究也指出维度占有个数越多的利益相关者对企业的重要性越大，越

---

① Agle, B. R. , Mitchell, R. K. , and Sonnenfeld, J. A. Who matters to Ceos? An investigation of stakeholder attributes and salience, corpate performance, and Ceo values [J]. Academy of management journal, 1999, 42 (5): 507 -525.

② Magness, V. Who are the stakeholders now? An empirical examination of the Mitchell, Agle, and Wood theory of stakeholder salience [J]. Journal of business ethics, 2008, 83 (2): 177 -192.

③ Laplume, A. O. , Sonpar, K. , and Litz, R. A. Stakeholder theory: Reviewing a theory that moves us [J]. Journal of management, 2008, 34 (6): 1152 -1189.

④ Mitchell R. K. , Agle, B. R. , Wood, D J. Toward a Theory of Stakeholder Identification and Salience: Defining the Principle of Who and What Really Counts [J]. Academy of Management Journal, 1997, 22 (4): 853 -886.

能获得公司重视。利益相关者显著性的三维度说法虽然获得学术界广泛认可，但仍存在一些缺陷，如维度之间无法比较，理论趋于静态，研究情境模糊等。为克服上述不足，后续学者纷纷进行了拓展研究。Parent 和 Deephouse（2007）认为利益相关者显著性的三个因素中，权力性要明显优先于合法性和紧急性①。为了克服Mitchell等（1997）的研究中忽视动态性的缺陷，Neville 等（2011）重新界定了这三个维度，并发现紧迫性与识别利益相关者无关而主要是利益相关者的道德合法性适用于利益相关者的显著性，同时利益相关者的显著性会随着属性的程度而变化②。在考察该理论的适用情境时，Mitchell等（2013）基于家族企业背景下对这三个维度的作用进行较深入的挖掘并探讨了精神身份（Spiritual Identity）的独特作用③。那么，根据这一理论框架，如果企业在履行社会责任中存在不重视员工权益保护却对外热衷于慈善问题，则表明员工这个利益相关者至少缺失三个显著性因素中的一个，从而导致其无法获得利益相关者的显著性。同时这也从另一侧面证明不同利益相关者之间存在着潜在冲突因素，企业无法实现所有利益相关者的均衡发展。

---

① Parent, M. M., & Deephouse, D. L. A case study of stakeholder identification and prioritization by managers [J]. Journal of business ethics, 2007, 75 (1): 1-23.

② Neville, B. A., Bell, S. J., and Whitwell, G. J. Stakeholder salience revisited: Refining, redefining, and refueling an underdeveloped conceptual tool [J]. Journal of business ethics, 2011, 102 (3): 357-378.

③ Mitchell, R. K., Robinson, R. E., Marin, A., Lee, J. H., and Randolph, A. F. Spiritual identity, stakeholder attributes, and family business workplace spirituality stakeholder salience [J]. Journal of Management, Spirituality & Religion, 2013, 10 (3): 215-252.

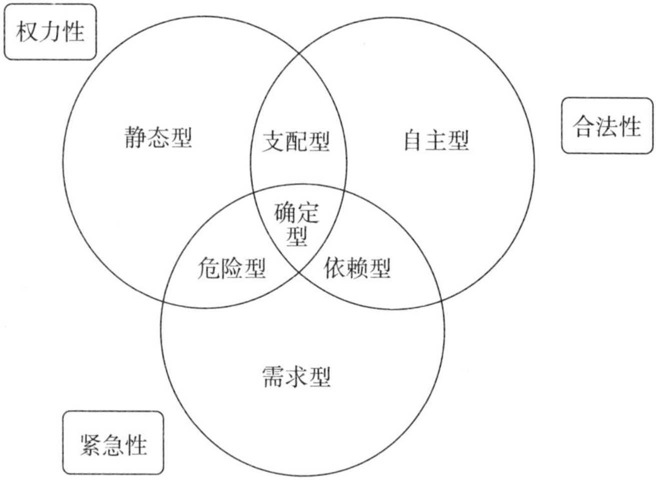

图 1－2　基于不同维度的利益相关者分类

来源于：Mitchell 等，1997

2. 过度投资假说

如果将社会责任视为投资决策的一部分，那么可替代性（或过度投资）假设也可以使用委托——代理理论[①]来解释，过度投资即同时投资多个方面的企业社会责任。

过度投资假说认为同时投资多个企业社会责任维度耗费成本或者投资其中一个会减少投资另一个的相对价值。Brammer 和 Pavelin（2006）已经观察到，不同类型的社会绩效（关于社区，环境或员工绩效）可能会产生不同的声誉影响[②]。在这

---

① Jensen, M. C., Meckling, W. H. Theory of the firm: Managerial behavior, agency costs and ownership structure [J]. Journal of financial economics, 1976, 3 (4): 305－360.

② Brammer, S., Brooks, C., and Pavelin, S.. Corporate social performance and stock returns: UK evidence from disaggregate measures [J]. Financial management, 2006, 35 (3): 97－116.

种情况下，当企业决定同时投资几种可替代的企业社会责任实践时，可替代性将导致与成本相关的过度投资。如果过度投资假设是正确的，那么企业不太可能同时参与多种企业社会责任实践，因为更高的绩效与更少的过度投资、更少的代理问题相关①。例如，沃尔玛虽然致力于提高能源效率、减少浪费、减少与全球变暖相关的温室气体的环保项目，却仍受到非政府组织的高度批评，特别是其不太好的员工和产品供应商待遇方面。沃尔玛2013年在外部企业社会责任上花费了10亿美元②，却因为工人支付低工资而被扣上“斯克罗吉冒充特蕾莎修女”（Scrooge Posing As Mother Teresa）的罪名③。值得注意的是，这种过度投资决策的做出和公司高管的个人倾向存在着很大关系。换言之，高层管理人员倾向于过度投资于CSR活动以建立自己作为全球公民的良好的个人声誉④，或者管理层通过慈善捐款来提高个人声誉或为进行盈余操作提供掩护，进而加剧代理冲突⑤。

同时从资源可能性边界角度看，企业社会责任的高成本与企业资源的稀缺性决定了集中式的投入战略成效更佳⑥。也就

---

① Gompers, P., Ishii, J., and Metrick, A. Corporate governance and equity prices [J]. aarterly journal of economics, 2003, 118 (1): 107 - 156.

② Walmart Stores, Inc. 2013 Global Responsibility Report [R]. 2013, http://cdn. corporate. walmart. com /39/97/ 81c4b26546b3913979b260ea0a74/updated - 2013 - global - responsibility - report_ 130113953638624649. pdfAccessed December 8, 2016.

③ https://twitter. com/RBReich/status/402597081618984962.

④ Barnea, A., and Rubin, A. Corporate social responsibility as a conflict between shareholders [J]. Journal of business ethics, 2010, 97 (1): 71 - 86.

⑤ Heese, J., Krishnan, R., Moers, F. Selective regulator decoupling and organizations' strategic responses [J]. Academy of Management Journal, 2016, 59 (6): 2178 - 2204.

⑥ 同上。

是企业在履行社会责任中并不需要做到面面俱到，事事均等，相反地，集中于某一个或某几个利益相关者群体对企业而言效果更佳。

3. 成本控制视角

由于公司资源有限且公司运营成本过高，平衡型的企业社会责任实践往往在现实企业管理中难以实现①②③④，因此学者从成本控制视角回答了企业为何专注外部责任，而忽视员工权益⑤。

不少学者将企业社会责任视作公司战略的一部分，并提出战略性企业社会责任的说法。Jung 和 Kim（2016）认为企业社会责任可以采用持低成本战略，并发现企业为巩固其公众声誉和形象而承担的企业社会责任成本似乎可以帮助组织实现劳动力成本最小化。如果企业社会责任被视作不可推卸的外部义务，公司内部就可能会实施削减成本的战略，以降低劳动力等内部成本。有些企业可能会热衷于参与企业社会责任来保护企业声誉并吸引客户，但不太热衷于对自己的员工持负责任的态度⑥。

---

① Cooper，S. M.，Owen，D. L. Corporate social reporting and stakeholder accountability：The missing link. Accounting [J]. Organizations and Society，2007，32 (7)，649 -667.

② Cottrill，M. T. Corporate social responsibility and the marketplace [J]. Journal of Business Ethics，1990，9 (9)，723 -729.

③ Hillman，A. J.，Keim，G. D. Shareholder value，stakeholder management，and social issues：What's the bottom line? [J]. Strategic Management Journal，2001，22 (2)，125 -139.

④ Vogel D. The Market for Virtue：The Potential and Limits of Corporate Social Responsibility [M]. Brookings Institution Press，2007.

⑤ Jung，H. J.，Kim，D. O. Good neighbors but bad employers：Two faces of corporate social responsibility programs [J]. Journal of Business Ethics，2016，138 (2)：295 -310.

⑥ 同上。

企业可能试图通过削减员工的福利，发展和工作条件来抵消外部 CSR 活动的成本①。学者 Choi 等（2010）、Jung 和 Kim（2016）均发现韩国企业为了公关需要仅仅履行外部社会责任而忽视内部员工利益②，Welford（2004）在对比欧洲和亚洲企业的内部员工责任后指出员工在欧洲国家被视为人力资本，却在亚洲国家仅仅被视为产品要素③。在这些情况下，员工可能会看到外部企业社会责任的参与威胁了他们权益。在此背景下，不断有学者注意到管理层倾向于将用于构建和谐的企业—员工劳动关系的员工责任与社会问题的战略性企业社会责任分开④⑤。正如 Jung 和 Kim（2016）所言："如果企业社会责任只是企业宣传策略的一部分，那么员工利益更有可能被忽视或者牺牲。"⑥ Scheidler 等（2018）发现相比员工权益保护等内

① Royle, T. Realism or idealism? Corporate social responsibility and the employee stakeholder in the global fast - food industry [J]. Business Ethics: A European Review, 2005, 14 (1): 42 -55.

② Choi, J. S., Kwak, Y. M., Choe, C. Corporate social responsibility and corporate financial performance: Evidence from Korea [J]. Australian journal of management, 2010, 35 (3): 291 -311.

③ Welford R. Corporate Social Responsibility in Europe and Asia [J]. Journal of Corporate Citizenship, 2004, 2004 (13): 33 -52 (20).

④ Hillman, A. J., Keim, G. D. Shareholder value, stakeholder management, and social issues: What's the bottom line? [J]. Strategic Management Journal, 2001. 22 (2): 125 -139.

⑤ Fenwick, T., Bierema, L. Corporate social responsibility: issues for human resource development professionals [J]. International Journal of training and Development, 2008, 12 (1): 24 -35.

⑥ Jung, H. J., Kim, D. O. Good neighbors but bad employers: Two faces of corporate social responsibility programs [J]. Journal of Business Ethics, 2016, 138 (2): 295 -310.

部社会责任来说，企业更热衷于外部社会责任[①]。也就是说，当企业无法同时兼顾内部和外部企业社会责任时，管理层倾向于剥离内部的员工责任转而投向外部责任，这些外部责任可能包括环境保护、慈善捐赠、社区管理等[②]。

具体来说，在有限的资源调动过程中，企业以不良工作条件为代价来削减成本的动机十分强烈[③]。以印度著名的 Jalandhar 足球制造产业为例，由于其在减少童工方面具有良好表现，该产业在 2010 年 4 月获得良好声誉，却在同年 6 月被国际劳工权益论坛（International Labor Rights Forum）爆出一系列诸如工作环境恶劣，员工安全保障缺失等员工权益缺失的负面消息[④]。同时，如果企业社会责任被视为企业宣传战略的一部分，员工的利益更容易被忽视或牺牲。换言之，企业社会责任只是为了配合外部压力的宣传和公关而存在，其自身就并不包括员工的元素[⑤]。事实上，之前的研究已表明尽管公司参

---

① Scheidler S，Edingerschons L M，Spanjol J，et al. Scrooge posing as Mother Teresa：how hypocritical social responsibility strategies hurt employees and firms [J]. Journal of Business Ethics，2018（2）：1 – 20.

② Wagner，T.，Lutz，R. J.，Weitz，B. A. Corporate hypocrisy：Overcoming the threat of inconsistent corporate social responsibility perceptions [J]. Journal of marketing，2009，73（6）：77 – 91.

③ Jung，H. J.，Kim，D. O. Good neighbors but bad employers：Two faces of corporate social responsibility programs [J]. Journal of Business Ethics，2016，138（2），295 – 310.

④ International Labour Rights Forum. Missed the goal for workers：The reality of soccer ball stitchers in Pakistan，India，China，and Thailand.（2010）. Retrieved from https：//cleanclothes. org/resources/recommended – reading/ilrf – soccerball – report. pdf/view.

⑤ Hillman，A. J.，Keim，G. D. Shareholder value，stakeholder management，and social issues：What's the bottom line？[J]. Strategic Management Journal. 2001，22（2）：125 – 139.

与了企业社会责任活动，但他们往往也忽略了对员工的责任①。Jung 和 Kim （2016）② 通过关注韩国企业履行社会责任情况，甚至提出了企业社会责任自身并不能使员工受益的观点。同样地，Deakin 和 Hobbs （2007）③ 也认为，雇主往往将企业社会责任视为与外部社会问题有关、与内部就业问题无关。类似情况也在企业实际中得到佐证，如著名跨国公司 IBM 虽然在参与企业社会责任方面享有盛誉，但却迫使其员工提前退休，以保持组织效率④。

值得指出的是，对立冲突假说实际上表明企业在不同利益相关者之间做出了权衡（trade off the interests of one stakeholder versus another)，但是这一权衡可能会对企业造成不良影响。例如，2000 年 8 月，Firestone 公司召回被数百万人认为有缺陷的轮胎。Firestone 公司经理们虽然意识到与该产品质量相关的这一问题在它们上市之前就已存在多年，但他们仍选择私下解决这一问题，使消费者监管机构或政府难以辨别出“可能引发公共安全问题”的模式。然而当这些谎言措施被公开后，

① Aupperle, K. E. , Carroll, A. B. , Hatfield, J. D. An empirical examination of the relationship between corporate social responsibility and profitability [J]. Academy of Management Journal, 1985, 28 (2): 446 -463.

② Jung, H. J. , Kim, D. O. Good neighbors but bad employers: Two faces of corporate social responsibility programs [J]. Journal of Business Ethics, 2016, 138 (2): 295 -310.

③ Deakin, S. , Hobbs, R. False dawn for CSR? Shifts in regulatory policy and the response of the corporate and financial sectors in Britain [J]. Corporate Governance: An International Review, 2017, 15 (1): 68 -76.

④ Cottrill, M. T. Corporate social responsibility and the marketplace [J]. Journal of Business Ethics, 1990, 9 (9): 723 -729.

Firestone 的公司品牌价值受到严重损害①。

三、综合论

除了上述两种相互冲突的假说外，新的利益相关者理论（new stakeholder theory）提出了新的观点②，认为公司产生长期财务业绩的能力由与关键利益相关者的关系决定，利益相关者之间既可以共生共赢，也可以相互冲突对立。

一些利益相关者有共同的利益，而其他利益相关者之间有潜在的冲突。公司对利益相关者的定位与三个战略维度相关：资源基础，行业市场和社会-政治舞台。资源基础型的利益相关者是资本、劳动力和客户/用户的供应者；行业—市场型利益相关者是供应链员工、合作伙伴和联盟、监管机构和工会；社会—政治型利益相关者是政府、社区和非政府组织等。虽然前两个类别是指直接“业务”或“自愿”利益相关者（关键业务利益者如投资者、员工和客户以及供应链员工等外围业务利益相关者、工会、监管机构），第三类是指“非商业”或“非自愿”利益相关者（关于社区关系和环境问题，即受外部因素影响较大的利益相关者，如污染或拥堵问题）③。

新利益相关者的理论认为，自愿型商业利益相关者的基本原

---

① Govindaraj S, Jaggi B, Lin B, et al. Market Overreaction to Product Recall Revisited—The Case of Firestone Tires and the Ford Explorer [J]. Review of Quantitative Finance & Accounting, 2004, 23 (1): 31-54.

② Post, J. E., Preston, L. E., & Sachs, S. . Managing the extended enterprise: The new stakeholder view [J]. California management review, 2002, 45 (1), 6-28.

③ Cavaco S, Crifo P. CSR and financial performance: complementarity between environmental, social and business behaviours [J]. Applied Economics, 2014, 46 (27): 3323-3338.

则是互惠互利，而对于非自愿的非企业利益相关者来说，其基本原则是避免伤害，如图1－3所示。将这一理论应用于管理多维CSR意味着一些企业社会责任实践可能会对财务业绩产生协同效应（基于互惠互利原则的自愿性利益相关者之间，例如员工和供应链），而其他企业社会责任实践可能导致冲突（自愿和非自愿利益相关者之间，例如供应链协会和环境管理），从而减少对财务业绩的影响。换言之，这意味着CSR之间存在一些协同作用（互补性）对自愿型商业利益相关者产生积极影响，同时企业社会责任实践之间的一些权衡（冲突或可替代性）对商业和非商业利益相关者产生积极影响①。因此，这种理论观点是上述两种观点的"折中"做法，既不"顾此失彼"，也不"等量齐观"。

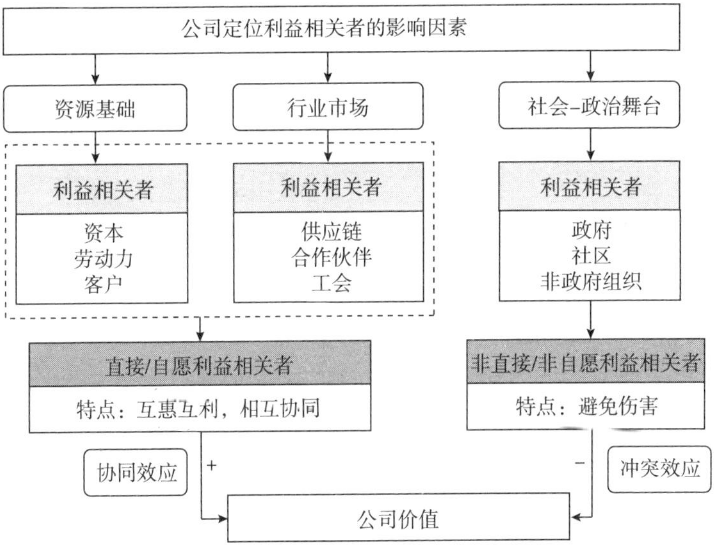

图1－3　新利益相关者的理论结构

① Cavaco S, Crifo P. CSR and financial performance: complementarity between environmental, social and business behaviours [J]. Applied Economics, 2014, 46 (27): 3323－3338.

类似地，国内学者唐鹏程、杨树旺（2016）[①] 也指出利益相关者间既存在互补又存在权衡，对象间关系存在矛盾的对立统一。他们基于企业价值的判断标准认为企业社会责任的对象是协调性和对立性的矛盾统一。协调性是指同时对多个企业社会责任对象进行投资更有可能提升企业的价值，而对立性则是指由于企业社会责任的成本和企业资源的有限性，企业无法同时兼顾多种利益相关者。这一观点引申出的结论是企业应明确单一维度的企业社会责任投入无法兼顾到其他利益相关者，而过于完备的企业社会责任模式则会因受企业资源的限制而无法达到各自维度的感知水平，进而影响回馈的有效性，二者均无法提升企业价值。因此真正意义上的企业社会责任应该是避免上述这些极端情况的出现，根据企业自身特性，选择“折中主义”的做法。

第二节　中国情境下的和谐劳动关系与外部企业社会责任的关系

中国情境下，有学者提出，从企业社会责任在中国的实施状况来看，中国劳动法制的框架应包含企业社会责任问题[②]。这一思路植根于中国提出建立和谐社会的国家战略的大背景。社会和谐发展要求企业履行涉及企业内部的社会责任，即构造企业内部劳资之间、股东之间等利益主体的和谐。社会和谐发

---

① 唐鹏程，杨树旺．企业社会责任投资模式研究：基于价值的判断标准［J］. 中国工业经济，2016（7）：109－126.

② 李芸．从企业社会责任看和谐劳动关系的构建——SA8000引发的思考［J］. 世界经济与政治论坛，2005（6）：109－113.

展，还要求企业履行涉及企业外部的社会责任，即企业对政府、社区、消费者、自然环境的责任。企业能否履行社会责任及其履行的程度，成为社会整体上能否和谐发展的重要因素和力量。因此，企业社会责任在构建和谐社会中发挥重要作用①。

作为构建企业社会责任最核心的内容，和谐劳动关系的构建是建设和谐社会的基础。中国情境下，履行内部和外部社会责任中既涌现了一批表里如一的负责任企业，它们在内部构建和谐劳动关系而且通过各种公益活动投身于改善全社会福利；也同时出现一批借外部责任掩盖内部不和谐劳动关系的企业。由此可见，具体到劳动关系这一具体问题中，企业从履行社会责任角度参与和谐劳动关系构建既有内外部社会责任的平衡，也有为了外部社会责任而舍弃内部责任的冲突。针对此情况，部分中国学者通过将这种“平衡”定义为“一致性”，将“冲突”定义为“非对称性”来刻画企业履行社会责任的整体特征。

一、一致性

理论上，中国内外部企业社会责任可以和谐统一，社会责任视角下的和谐劳动关系具有可行性和合理性。纵观这一领域，现有文献分别从两个层面，即微观层面（如劳动关系氛围，提供员工福利等）、宏观层面（如劳动就业和劳动者权益），探讨了和谐劳动关系的构建因素和途径。本节分别从宏观和微观两个层面探讨如何将和谐劳动关系构建与外部社会责任履行统一起来。

---

① 曲庆彪，王家驯．企业社会责任视角下的社会和谐问题探究[J]．科学社会主义，2010（5）：99－102.

1. 宏观层面

从宏观层面来讲，企业承担社会责任不仅是推动宏观劳动力市场稳定的必不可少的部分，也是构建和谐社会、推动整个社会进步的重要因素。党的十六届四中全会提出持续化解社会矛盾，建设社会主义和谐社会，并从经济发展、制度保障、文化建设、社会管理和社会团结等方面制定了五项重要任务①。中国共产党第十六届中央委员会第六次全体会议指出社会主义和谐社会的构建，既是中国特色社会主义事业全过程的长期历史任务，也是新时期全面建设小康社会的重大现实课题②。企业进行社会责任建设既是宏观大背景下中国政府构建和谐社会对企业的要求，同时也是企业的经济属性和社会属性共同作用的结果。

中国政府对企业社会责任方面的法律法规做了一系列探索。2006 年，《公司法》中提出公司“要承担社会责任”③，使得企业社会责任问题受到广泛关注，后续中央也对企业社会责任做出了很多重要指示。2008 年国资委发布了《关于中央企业履行社会责任的指导意见》，2009 年在中央政治局集体学习时，强调引导企业履行社会责任，支持企业多留用农民工。2011 年国务院国资委积极开展管理提升活动，明确将社会责任确定为管理提升的 13 个重点领域之一。2012 年党的十八大提出确保 2020 年实现全面建成小康社会、国内生产总值和城乡居民人均收入比 2010 年翻一番的宏伟目标，并在 12 月底的中央经济工作会议中首次明确提出“强化大企业社会责任”。

---

① 中共中央关于建设社会主义和谐社会若干重大问题的决定［M］，北京：人民出版社，2006.

② 中国共产党第十六届中央委员会第六次全体会议公报.

③ https：//www. my089. com/disclosure/laws/law_ 02.

2014 年在《中共中央关于全面推进依法治国若干重大问题的决定》中提出“加强企业社会责任立法”[1]。到 2015 年，党的十八届五中全会上首次提出了“创新、协调、绿色、开放、共享”的新发展理念，对企业承担社会责任提出了新的更高的要求[2]。在这些法律法规的指引下，中国的企业社会责任探索经历了缺失错位、引进学习、探索成长与创新发展等重大阶段。随着中国经济进入新常态，企业社会责任也进入了创新规范期。这一时期提出的《中共中央关于全面推进依法治国若干重大问题的决定》中，首次将社会责任上升到了国家战略层次，社会责任议题性质的立法，如《环境保护法》《安全生产法》和《食品安全法》都完成了修订。同时，在“大众创业，万众创新”的制度环境下，民营企业的经济责任、政治责任、吸收就业能力、社会捐赠与慈善等方面都发展迅速。不管是国有企业还是民营企业，其社会责任管理实践能力都在不断加强，企业不但要对内部利益相关方承担责任，对外部利益相关方的责任内容与边界也越来越清晰[3]。

促进社会和谐，是全社会的共同责任，也是企业的责任。企业作为一个组织，除了追求营利性的经济属性外，还存在着社会属性，要求履行社会责任，这是社会和谐发展的内在要求。这主要是因为企业受国家政策法律乃至社会道德的约束，而企业的产品是基于社会需求，在外化成产品时实现盈利目

---

① http：//cpc. people. com. cn/n/2014/1029/c64387 －25927606. html.

② http：//www. caixin. com/2015 －10 －29/100867990_ all. html#page2.

③ 肖红军．中国企业社会责任 40 年：历史演进、逻辑演化与未来展望[J]．经济学家，2018（11）：22 －31.

标[1]。企业嵌套于社会大环境中，社会服务企业，影响企业，而企业也依赖于社会环境、自然环境和人文环境。社会的和谐发展，将为企业创造更多的商机和更有利的条件[2]。同时，现有研究认为社会资本可以促进企业的发展，而社会资本中的政企关系资本也能为企业带来整体价值的提升从而提高企业的竞争优势[3]。我国将企业社会责任纳入了法律和制度的框架之中，履行社会责任的企业与政府有着相同一致的目标，相较于其他企业，政府会更信任这些企业，并在分配资源时有一定的倾斜。这也使得很多企业为了获得政企关系资本，按照政府提出的指导意见进行社会责任实践。

除了法律法规对企业履行社会责任有相应规范外，企业的社会属性也要求企业在内部行为和外部行为都要承担社会责任，注重社会义务。企业作为“企业公民”与政府、劳动者、股东、环境、消费者等内外部受众都存在着关系。要构建和谐社会，企业在为股东追求利润的同时，也应该考虑相关利益人，即影响和受影响于企业行为的各方的利益[4]。企业通过履行社会责任构建利益主体间的沟通桥梁，自觉地把对社会和环境的思考与认识贯穿到企业活动中，促进企业和各利益相关者

① 曲庆彪，王家驯．企业社会责任视角下的社会和谐问题探究[J]. 科学社会主义，2010（5）：99－102.

② 赵军．构建和谐社会中的企业社会责任[J]. 科学社会主义，2008（2）：125－127.

③ 隋敏，王竹泉．社会资本对企业价值创造影响研究：理论，机理与应用[J]．当代财经，2013（7）：111－121.

④ 李芸．从企业社会责任看和谐劳动关系的构建——SA8000 引发的思考[J]. 世界经济与政治论坛，2005（6）：109－113.

共生共赢[①]。因此，企业应采取平衡协同策略，平衡内外部之间的关系，维持种种社会关系的和谐发展。对内构建和谐劳动关系，对外做好各外部利益相关者的责任。

2. 微观层面

从微观层面讲，企业在进行社会责任战略实践时会受到多种因素的影响，企业性质、责任实施后果及利益相关者压力等都会影响企业社会责任的履行。

由于中国的实际情况，很多学者在研究社会责任时关注到了企业性质方面[②][③]。中国的国有企业一般都占据着天然优势，掌握着政治资源，国有企业以往的产权并不清晰，全民所有实际上存在很多弊端，国有企业存在“外部性”。企业经营获得很大收益时企业经营者并未得到激励，当企业经营不善时，决策者也不用承担很大责任。因此，国有企业领导者以往更倾向于提高员工福利等方面的建设，企业创办学校、医院等许多社会服务机构，对职工承担着无限责任[④]。同时，我国的国有企业都会对领导干部实行民主评议，评议的参与者主要是职工。职工代表大会民主评议企业领导干部是民主管理、民主监督的主要形式，但在实施的过程中也存在着很多问题。评价者的主观随意性和感情用事都影响着评议的公平性，国企领导干部一

---

① 刘洪波，丰景春．企业社会责任与和谐社会构建[J]．特区经济，2007（7）：106－107.

② 冯丽丽，林芳，许家林．产权性质、股权集中度与企业社会责任履行[J]．2011，33（9）：100－107.

③ 徐传谌，邹俊．国有企业与民营企业社会责任比较研[J]．2011（10）：23－26.

④ 肖红军．国有企业社会责任的发展与演进：40 年回顾和深度透视[J]．经济管理，2018（10）：5－26.

般都愿意通过改进员工福利等措施来获得好的评价[①]。这也导致了我国不断进行国企薪酬改革，实行工资总额和工资水平双重调控政策。另外，国有企业同时也承担着外部责任，外部推动力量是国有企业社会责任实现方式的重要维度。国有企业的履责环境是企业承担社会责任的约束性或促进性条件，是社会大系统中与企业开展负责任行为相关联的环境要素。履责环境包括以正式制度为主体的制度环境，即强制性或诱导性的制度供给。但相对而言，政府的干预对国有企业履责行为的影响更大，需要其承担的政府和社会职责更多。由于政府对国有企业所承担的社会角色的界定，国有企业本质与使命功能定位逐渐清晰和完善。发展到现代意义企业下的责任重塑阶段时，国有企业成为经济属性和社会属性内在统一而具有整合经济与社会功能的现代公司，并确定和履行对各利益相关者的责任。而当下国有企业正处于新定位下的责任创新阶段，企业不仅履行着显性责任，也承担了很多隐性责任[②]。国有企业仍是中国经济的主力，覆盖着很多行业，在中国企业500强中占主体地位。国有企业追求内外部企业社会责任一致性对整个中国企业社会责任现状有重要影响。

内外部社会责任的履行对企业有积极的影响，这也促使企业更有动力去实施一致的社会责任战略。《企业社会责任理论》[③] 一书中提出了企业自身发展的内在动力来自三个方面：一是对先进科学技术的掌握和运用；二是企业的经营管理水

---

① 孙杰. 关于完善国有企业领导干部民主评议的思考[J]. 工会博览，2012 (11)：18 -20.

② 肖红军. 国有企业社会责任的发展与演进：40年回顾和深度透视[J]. 经济管理，2018 (10)：5 -26.

③ 黎友焕. 企业社会责任理论[M]. 广州：华南理工大学出版社，2010：2.

平；三是职工的劳动积极性。这些动力其实不仅反映了劳动者的重要性，还反映了构建和谐劳动关系的趋势。企业履行社会责任对提高员工忠诚度，提高员工满意度，促进员工的组织承诺都有积极的影响，从而能够在一定程度上缓解劳资矛盾[①]。同时，企业履行社会责任可以改善企业劳动关系氛围。根据心理契约理论，员工感知组织履行契约责任，可以改善员工对组织氛围中劳动关系的心理感知[②]。另外，企业是社会经济的主体，需要对员工负责，同时也要履行社会外部责任。企业社会责任除了包括为员工提供良好工作环境、员工福利薪酬待遇外，慈善也是企业履行外部责任的主要方式。很多企业每年都参与了社会公益活动，进行慈善活动捐款。现有研究也认为企业的慈善责任在社会责任建设中占据重要地位，企业可以将慈善责任转化为企业的竞争力[③]。还有学者研究了社会责任披露与企业实际税收负担的关系，结果发现企业可以通过披露社会责任信息向地方政府寻租，促使地方政府放宽税收政策，为企业降低实际税收负担[④]。因此，基于对内外部社会责任所带来的有利后果，很多企业也愿意把资金投入内外部社会责任建设中。

内外部利益相关者的诉求和压力促使企业积极履行一致的社会责任。企业不仅要对股东承担相应的经济责任、创造利

---

① 姜友文，张爱卿．企业社会责任对员工工作压力及组织承诺的影响研究[J]．经济问题，2015（12）：72－77.

② 谢玉华，李红，兰果．企业员工社会责任对劳动关系氛围的影响研究——基于高参与工作系统的调节效应[J]．华东经济管理，2016，30（8）：1－7.

③ 赵曙明．和谐社会构建中的企业慈善责任研究[J]．江海学刊，2007（11）：100－101.

④ 邹萍．“言行一致”还是“投桃报李”？——企业社会责任信息披露与实际税负[J]．经济管理，2018（3）：159－177.

润，还应承担对职员、供货方、消费者、非营利机构、环境和周边社区的社会责任①。利益相关者通过向企业施加压力传达各种诉求，利益相关者的诉求和企业更好发展的期望对企业压力最大，利益相关者的期望不能被实现的情况下，利益相关者可能对企业进行惩罚和负面评判②。在利益相关者的压力下，企业会在经济支持和满足利益相关者合法性需求的基础上履行社会责任：企业可以通过满足利益相关者的需求获得利益相关者的各种资源和帮助，以强化竞争上的有利形势；通过满足利益相关者的诉求，企业希望因此得以减少差评和惩罚③。同时，利益相关者的需求可有效推进改善企业环境，企业的社区责任也能缓和与所在政府和公众的关系，这将促使消费者对产品的正面评价增多，更多消费者将购买企业产品④。因此，基于以上利益相关者压力可能给企业带来的影响，以及企业积极回应诉求后所带来的反映来看，利益相关者压力和诉求使得企业不得不采取相应的社会责任措施来进行响应，驱动企业积极履行各利益相关者责任。

二、非对称性

非对称特征表现正如前文所述，部分违法企业一方面对内

① Clarkson M E. A Stakeholder Framework for Analyzing and Evaluating Corporate Social Performance [J]. Academy of Management Review, 1995, 20 (1): 92 - 117.

② 贾兴平，刘益，廖勇海．利益相关者压力、企业社会责任与企业价值[J]. 管理学报，2016，13 (2)：267 - 274.

③ Godfrey PC, Merrill CB, Hansen JM. The Relationship between Corporate Social Responsibility and Shareholder Value: An Empirical Test of the Risk Management Hypothesis [J]. Strategic Management Journal, 2009, 30 (4): 425 - 445.

④ Egri C P, Yu J S. The influence of stakeholder pressures on corporate social responsibility in east asia [C] . IACMR conference, 2012.

克扣员工；另一方面通过外部慈善来转移公众对企业的负面评价或掩盖内部的不道德行为。非对称企业社会责任发生可以从历史背景、利益相关者显著性和企业发展战略三个方面加以解释。

1. 历史背景

首先，从历史背景来说，企业社会责任作为全球化的舶来品，在中国经历了较短的发展时间[①]。随着中国改革开放，整个中国社会日益融入经济全球化的潮流中。现代企业社会责任的观点也伴随着经济全球化的发展进入中国，并对中国企业产生了相当大的影响。然而相较于欧美国家的社会责任理解程度和履行程度而言，我国绝大多数企业受发展阶段、相关理论研究滞后、所处地域、企业性质、政府政策、企业自身问题等的制约，对企业社会责任的理解和体系管理阶段依然缺乏，这种阶段的特征表现在：（1）责任认知水平低。大多认为企业社会责任只是付出而无回报或收效很小的额外负担；（2）责任履行层次较低。当欧美发达国家企业普遍从经济责任、法律责任、伦理责任、慈善责任全面系统履行企业社会责任时，我国的优秀企业也仅仅把遵守经济责任、法律责任两个层次作为基本准则[②]，与系统性企业社会责任的概念相去甚远。

大多数企业将“公共关系”定位在战术层面，将其归结为营销战略中的一种促销手段，把其当作其他促销活动，如广告、人员推销等的辅助措施，以产品销售为目的[③]。在此历史

---

① Wang, L., & Juslin, H. The impact of Chinese culture on corporate social responsibility: The harmony approach [J]. Journal of Business Ethics, 2009, 88 (3): 433 -451.

② 刘藏岩. 我国企业跨国并购 CSR 公关战略探讨——以欧美市场为例[J]. 国际贸易问题, 2010 (2): 98 -105.

③ 同上。

背景下，企业社会责任仅仅是为了获取外在企业声誉或成为公关工具，而未落实到具体的企业实践中去。当企业过于追求社会责任的外在粉饰效应时，内部管理，尤其是员工权益保护的管理，难以与之相匹配。至此企业社会责任的其他维度与内部劳工权益保护的非对称性问题变得尤为严重。

2. 利益相关者显著性

就利益相关者自身属性来说，利益相关者显著性理论解释了，为何员工的显著性较低而其他利益相关者显著性高这一问题。由前文可知，利益相关者显著性强调企业作出偏向某一类型利益相关者群体而忽视另一类利益相关者群体的企业社会责任决策，主要来自这些群体之间如何在诉求上取得更大优势或者话语权。那么企业在履行社会责任中总是忽视内部员工权益的原因，可以归结为员工争取诉求的整体力量较弱。那么为何员工相较于其他利益相关者会处于相对弱势呢？原因或许可以来自劳动力资源供给、工会特征和外部利益相关压力的合力。第一，中国虽然是后发国家但劳动力资源丰富，中国运用劳动力资源丰富且低廉的优势发展出口导向型经济逐步在国际竞争中获取优势。第二，自改革开放后，中国的工会在建设中国特色社会主义历程中，始终担负着双重角色（dual role）。非单一利益驱动和边界模糊化决定了我国工会的核心任务是与政府、企业和员工等利益相关者通过跨界行为的展开，来促进工会跨界职能履行，同时实现劳资双方共赢。一方面，中国工会担负着维护国家利益和促进企业稳定发展的责任，是劳资双方沟通的“桥梁”；另一方面，工会的任务包括维护员工权益、协调劳资纠纷、组织文化活动和帮扶困难职工等。在我国制度背景下，企业工会不仅是企业生产的管理者，也是政府功能在企业的延伸，这与欧美国家的工会性质存在很大差异[①]。改革开放至今，中国的社会阶层构成发生了新的变化，劳资矛盾已经成为我国社会的主要矛盾之一。

第三，中国企业的履行外部企业社会责任（如慈善捐赠）的驱动力更可能来源于外部利益相关者，如政府、媒体、消费者等。而重公益摊派和“道德陷阱”则是这种驱动力下企业履行外部责任的两种摊派形式。公益摊派是指政府直接进入市场，向企业发出对口扶贫、赈灾捐款、捐建基础设施等指令性劝募，在这种压力下，企业“被迫自愿”地捐款捐物并参与公益事业。对我国很多大型企业来说，公益摊派对其影响很大，而对外资公司来说，其在中国受到一定的政策保护，这使得它们能够远离行政性劝募和指令性摊派。根据中国各年度的慈善捐助报告，政府动员一直是企业进行慈善捐赠的主要驱动因素，慈善捐赠的主要受助主体则是全国各级民政系统（含部分慈善会系统）及政府部门。在实践中，当灾害事件发生时，各级政府经常通过“劝募”的方式进行筹款，一些地方政府甚至使用行政命令和其他手段要求其辖区内的企业进行慈善捐赠，其效果立竿见影[②][③]。例如，江苏省扬州市江都区郭村镇曝出镇政府指令性捐款，包括政府机关、派出所、村委会、镇企业在内的50余家单位，捐款指标在1000元到2万元

---

① 王永丽，郑婉玉．双重角色定位下的工会跨界职能履行及作用效果分析［J］．管理世界，2012（10）：130－145．

② 高初建．政府应逐渐淡化劝募者角色［N］，中华公司时报，2007－09－05．

③ 殷国安．政府摊派捐款，公务员不敢不从［N］．中国青年报，2014－08－20．

不等，企业称生存艰难，不愿捐款但又不敢不捐[①]。

另一种类型的摊派是由慈善文化引起的，公众和媒体有可能会设立“道德陷阱”，使得救助动员变为对企业（家）的“道德绑架”。由于网络信息技术的快速发展，网络媒体在人们现代社会中占据的作用越来越大，但这一作用有正反两面。在慈善这一领域，人们滞后的慈善观念慢慢汇聚成社会舆论，社会舆论再通过网络媒体聚集与放大，这有可能对受助者造成无孔不入的巨大的社会压力，从而导致强度更大、范围更广的慈善绑架[②]。网民共同关注的或媒体参与的公益胁迫比起政府部门公益摊派的压力会更大。从本质上讲，这两种压力下实施的企业社会责任行为只是一种回应性或反应型企业社会责任模式。企业尚未从竞争战略的角度为未来的企业社会责任战略模式作有主动性和前瞻性的思考，也没有从获取竞争优势的角度，实施有前瞻性的社会责任战略行为。

外部社会责任活动往往在公开场合进行，或者有更公开透明的监督机制，其外部可视性也高，也更容易被公众所关注[③]。企业是否参与捐赠往往成为媒体和公众的聚焦之处。2008 年汶川地震捐款中的企业“捐款潮”就很好地证明了这一点。部分民营企业即使员工责任投入较低，仍随波逐流地参与捐款潮流中，甚至收获了慈善企业声誉。

上述这些证据证明相较于外部众多利益相关者施加的压力

---

① 祝建波. 莫让“摊派捐款”腐蚀慈善正能量［N］. 人民法院报，2016 - 02 - 05（002）.

② 覃青必. 慈善绑架问题及其防治[J]. 中州学刊，2015（5）：91 - 95.

③ 郑琴琴，陆亚东. “随波逐流”还是“战略选择”：企业社会责任的响应机制研究[J]. 南开管理评论，2018，21（4）：169 - 181.

来说，企业受到内部员工给的压力较小。同时在上述市场因素等作用下，员工在权利性特征上存在明显劣势。

根据利益相关者显著性的分析框架和后续研究，企业给予何种利益相关者优先性往往基于合法性、权利性和紧急性的综合考量，但在现实情境下，对于利益相关者显著性的判断，明显权利性要比合法性和紧急性优先。总结上述研究，尽管紧急性方面，员工这一利益相关者主体的显著性显然低于其他利益相关者。根据利益相关者显著性理论，企业往往在分配资源中更多考虑显著性高的利益相关者群体，因此企业会优先考虑外在利益相关者诉求，而往往将员工的利益放在更低的位置①。这为企业对涉及“面子”的外部社会责任更重视，而忽略只涉及“里子”的内部员工责任提供了另一种合理解释，同时也进一步论证了企业的内外部社会责任不一致的事实。

3. 从成本控制视角

正如前文所述，当企业无法同时兼顾内部和外部企业社会责任时，管理层倾向于剥离内部的员工责任转而投向外部责任，这些外部责任可能包括环境保护、慈善捐赠、社区管理等。这种企业社会责任可以归结为低成本型社会责任战略模式。在对低成本型企业社会责任战略模式的形成机制进行分析时，企业社会责任战略与市场战略是一致的，战略制定的影响因素也来自对外部经济环境和内部条件的分析②。

从宏观层面来说，一直以来，中国经济采用低成本的发展

---

① 董海军，周强．企业履行社会责任的非对称性——基于长沙 A 区的实证研究[J]. 社会科学研究，2011（4）：96－101.

② 王秀丽，彭邵城．企业价值链低成本型社会责任战略模式研究[J]. 山东财经大学学报，2016，28（4）：79－88.

战略。处在微观层面的企业参与国际竞争在很大程度上依赖于成本优势的低成本发展战略，尤其是在人力成本上的优势，因此中国企业曾一度被认为是“世界工厂”。要素禀赋理论表明，在开放条件下，各国应利用市场机制，发挥自身要素的比较优势，通过参与国际分工，从而获得贸易利益。我国是一个初级劳动力极为丰富而资本相对短缺的国家。这样的资源禀赋结构成为我国自改革开放以来一直坚持参与国际分工发展劳动密集型产业的前提。根据这一理论观点，可以大力提倡充分利用中国现阶段丰富劳动力资源①。

从企业内部条件来分析，部分企业认为企业承担社会责任不仅会耗费公司资源和能力，还会提高企业的经营成本、降低企业的经营效率②③，也就是说，企业社会责任与高成本和低效益之间总是存在着直接关系。因此许多企业在履行社会责任中通常会采用低成本型企业社会责任战略模式。正如前文所述，企业为降低劳动力成本，可能漠视劳动保障和社会福利的不健全，损害员工福利④。Royle（2005）曾指出麦当劳（至少表面上）与最恶劣形式的劳动剥削保持距离，但阻止工人通过工会维护自

---

① 宗光，黄聿舟. 博弈论视角下跨国公司“血汗工厂”问题解决思路[J]. 商业时代，2008（18）：39－40＋86.

② Aupperle K. E. , carroll A. B. , Hatfield J. D. An Empirical Examination of the Relationship Between Corporate Social Responsibility and Profitability [J]. Academy of Management Journal, 1985, 28 (2): 446－463.

③ 李正. 企业社会责任 与企业价值的相关性研究——来自沪市上市公司的经验证据[J]. 中国工业经济，2006（2）：77－83.

④ 谭瑾，罗正英. 高管变更、竞争战略与企业社会责任——基于战略耦合的视角[J]. 山西财经大学学报，2017，39（5）：82－93.

己的权利，获得尽可能低成本的好处[①]。根据比较优势原则，企业可以利用中国丰富和廉价的劳动力资源来建立自身的竞争优势，然而很多公司受到利润和竞争压力的驱使，利用压榨手段克扣员工工资和牺牲劳工利益来实现这种所谓的“低成本”优势，就使该问题朝着负面方向发展。针对中国公司的劳工问题，一些美国政府官员评论：如果不从根本上改善劳工状况，中国企业将很难保持长远的竞争，也不可能得到与其他国家企业平等的权利。不仅如此，还将进一步危及中国的经济发展和社会稳定。因此，“低成本”的劳动力问题已成为当前亟待解决的问题之一。目前，中国企业存在的违反社会责任，伤害劳动者权益的状况主要表现在工作加班超时严重，加班报酬与付出不对等，外来务工人员的权益保障问题等方面。

---

① Royle, T. Realism or idealism? Corporate social responsibility and the employee stakeholder in the global fast - food industry [J]. Business Ethics: A European Review, 2005, 14 (1): 42 - 55.

第二章

内外部企业社会责任
——基于企业社会责任标准的探讨

理论上，内外部企业社会责任既可能平衡协同，也可能冲突对立。企业履行社会责任是根据 CSR 的标准或规则进行的。探讨国内外社会责任标准中关于内外部社会责任的规则，可以更明晰二者的关系。

第一节　源自劳工保护的西方企业社会责任运动

资本主义由自由竞争走向垄断，进而大公司和大企业集团出现，企业面临许多社会问题。企业社会责任理念开始产生，经过 100 多年的发展，已逐步成熟。企业社会责任产生和形成于欧美市场经济发展过程中，迄今已成为全球共同的理念和国际通用准则。

一、西方企业社会责任理论的起源

企业社会责任概念形成于 20 世纪初的美国学术界。① 资本主义早期，追逐利润是企业存在的主要目标。以亚当·斯密为代表的古典经济学认为，利润最大化是企业最大功能。1899

---

① 黎友焕，SA8000 与中国企业社会责任建设［M］. 北京：中国经济出版社，2004：22 - 35.

年，钢铁大王安德鲁·卡内基提出了公司社会责任的观点，然而，受到时代背景限制，卡耐基的观点主要针对大公司，在当时并没有引起社会关注。美国经济学家莫里斯（Clark, J. Maurice）1916年提出，“大家并没有认识到社会责任中有很大一部分是企业的责任”。1924年谢尔顿（Oliver Sheldon）的《管理哲学》把公司社会责任与公司经营者满足产业内外各种人类需要的责任联系起来，并认为公司社会责任含有道德因素在内。

20世纪30年代，美国学术界关于企业社会责任有一场争论：多德与贝利之争。[1] 1931年，哥伦比亚大学教授贝利（Adolf A. Berle）提出了公司的管理者是谁的受托人的问题。企业管理者只能是企业股东的受托人，企业管理者的权力有必要加以规范和限制，他们的一切权力只有在能够为股东带来可以判定的利益时，才是适当的，法律应该保护股东利益，防止管理人员追求股东利益以外的其他利益。多德（E. Merrick Dodd）则认为，企业是既有盈利功能又具有社会服务职能的经济机构，企业管理者不仅受托于股东，而且受托于雇员、消费者和广大公众等。

1953年，企业社会责任之父霍华德·R. 鲍恩（Howard R. Bowen）写作《商人的社会责任》（*Social Responsibilities of the Businessman*）给出明确定义，开启企业社会责任的现代研究。书中提出，“企业家具有按照社会的目标和价值观去确定政策、做出决策和采取行动的义务”。承担企业社会责任的主

① 卢代富. 国外企业神会责任界说述评［J］. 现代法学，2001，23（3）：137－144.

体是现代大公司；企业社会责任的实施者是公司管理者；企业社会责任的原则是自愿。[①]

1963 年斯坦福大学研究院提出利益相关者概念。1984 年美国弗吉尼亚大学教授弗里曼（R. Edward Freeman）在《战略管理：一种相关利益者方法》中提出，利益相关者是任何影响组织目标的实现和被组织目标实现所影响的团体或个人。[②] 利益相关者理论的完善更深化了企业社会责任理论，引入利益相关者理论解释企业社会责任，企业社会责任形成了相对完整的理论体系，并且用于企业实践，受到企业、学者、政府等的关注。

随着经济全球化的不断发展，金融危机和欧债危机给全球经济带来冲击，使得企业的价值观和社会责任观正在发生变化。越来越多的企业开始关注自然资源、生存环境、商业伦理与道德、顾客权益以及劳动关系，开始更多地承担对利益相关者的责任。一些企业也已逐渐认识到企业承担社会责任，有助于增加企业的竞争力，因而把承担企业社会责任列入企业长远发展战略中。

二、源自劳工保护的西方社会责任运动

19 世纪中后期，自由资本主义向垄断资本主义过渡，公司的运作体制趋于成熟，但仍存在工业事故频繁、劳工缺少社会保障、公司滥用自己的优势地位等问题。

进入垄断资本主义阶段，大公司、大企业集团相继出现。

---

① 霍华德·R. 鲍恩著，肖红军，王晓光，周国银译 . 商人的社会责任［M］. 北京：经济管理出版社，2013：15。

② 同上。

大公司在经济和社会中权力的膨胀，更大的权力意味着更大的责任，人们开始要求公司承担与其权力相匹配的社会责任：企业应当积极地避免造成社会问题；参与解决社会问题，如就业平等、食品安全、安全生产、环境保护等。一些大企业开始承担社会问题的改善，尽社会责任。

20 世纪 20 年代，企业社会责任主要为捐赠。如洛克菲勒毕生捐 5.5 亿美元；钢铁大王卡耐基捐 3.5 亿美元，创建 2811 个公共图书馆。

20 世纪 20—60 年代，产品质量、工伤、环境问题日益严重，产生了大量消费者诉求、劳工运动、环保运动等。国际劳工组织（ILO）于 1919 年成立；国际消费者联盟组织于 1960 年成立；世界环保组织于 1948 年成立，绿色和平（Greenpeace）于 1971 年成立。这些国际组织兴起了抗议浪潮，改变了社会对企业的期望和认识，企业社会责任理念深入人心。一些企业开始建立企业员工基金、社区基金，参与一些政府项目。

经济全球化在全球范围内推行“市场经济、自由贸易”，经济全球化是资本的全球化，资本自然流向劳动力最便宜的地方。但资本的扩张同时在全球范围内形成了对劳动的压制和剥夺，劳资关系力量对比处于一种极端不平衡的状态之中。这种不平衡状态的一个重要表现，便是各国资产者在 WTO 的旗帜下，开始了一种世界性的联合行动，WTO 实际上成了“世界的资本政府”或“资本的世界政府”。跨国公司在世界各地获取了惊人的超额利润，而世界各国工人在“工资和劳动条件向下竞争”的驱使下，就业日益困难，生活越来越贫困。经济全球化的同时又伴随着贫穷全球化。劳工权益保障已成为一个世界性的社会问题。联合国在 1999 年提出了企业界的《全球契约》，鼓励和促进“企业生产守则运动”的推行。该契约要求跨国公司重视劳工标准、人权和环境保护，以克服全球化进程带来的负面影响，提出了包括尊重人权、支持结社自由和集体谈判权、禁用童工、反对强迫劳动、消除工作场所歧视以及发展与采用环保科技等关于社会责任的原则和核心内容。

20世纪90年代初，美国服装制造商 Levi - Strauss 在类似监狱般的工作条件下使用年轻女工的事被曝光。为了挽救其被污损的公众形象，该公司草拟了第一份公司社会责任守则（生产守则）。这是全球第一份社会责任守则，此后其他企业也逐渐制定包含社会责任内容的对内对外规章，耐克、沃尔玛、迪斯尼等大型跨国公司纷纷制定了自己的生产守则。这些形成了企业社会责任标准的雏形。据国际经济合作与发展组织（OECD）统计，2000年全球共有246个社会责任守则，其中118个是由跨国公司制定的。随着经济全球化的推进，这些跨国公司的生产守则贯彻至处于全球生产链环节上的发展中国家，“反血汗工厂运动”主要针对全球化过程中跨国资本对发展中国家劳工的剥削。

三、SA8000等社会责任标准审计及其对我国的影响

SA8000（Social Accountability 8000）是全球第一个可用于第三方认证的社会责任国际标准。SA8000是由总部设在美国的社会责任国际（Social Accountability International，简称SAI[①]）制定的。SA8000标准的提出源于瑞士通用公证行国际

① SAI的前身是美国经济优先认可委员会 CEPPA，CEPPA 于1996年成立，该组织是一个民间机构，于2001年更名为国际社会责任协会 SAI。

认证部（SGS）执行董事 Reg Easy 和美体公司（The Body Shop）社会审核部高级经理 David Wheeler 的一次谈话，他们讨论制定一个可用于第三方认证的社会责任标准。负责制定 SA8000 标准的顾问委员会由来自 11 个国家的 20 个组织（包括非政府组织、商业机构及认证机构等）组成。1997 年的第一次纽约会议就提出了标准草案，并于同年 10 月正式发布①。每隔五年，SAI 组织都将对 SA8000 标准进行一次修订，以确保它的连续性和适用性。2001 年 12 月 12 日，SAI 发布了 SA8000 标准的第一个修订版，即 SA8000：2001。2008 年 5 月发布了新标准 SA8000：2008，即目前适用的社会责任第三方认证标准。2014 年 7 月，SAI 颁布了 SA8000：2014 标准，此为目前最新版本。

SA8000 是一个全球性的、可供认证的、用以解决工作场所诸多问题的审核和保证的管理标准，是一个自愿性的生产守则。SA8000 的标准主要源于国际劳工组织的核心劳工标准、联合国有关人权的公约，包括《世界人权宣言》和联合国《儿童权利公约》、联合国《消除一切形式歧视妇女行为公约》等。该标准一开篇就提出，公司应尊重下列国际协议之原则：国际劳工组织公约第 29 及第 105 号（强迫性劳动及债务工）；国际劳工组织公约第 87 号（结社自由）；国际劳工组织公约第 98 号（集体谈判权利）；国际劳工组织公约第 100 及第 111 号（男女工人同工同酬、歧视）；国际劳工组织公约第 135 号（工人代表公约）；国际劳工组织公约第 138 号及建议条款第

① 王碧森．从 SA8000 到 ISO26000 看社会责任标准的变化［N］．宁夏大学学报（人文社会科学版），2011，33（2）：187.

146号（最低年龄及建议）；国际劳工组织公约第155号及建议条款第164号（职业安全与健康）；国际劳工组织公约第159号（职业康复与就业）；国际劳工组织公约第177号（家庭工作）；国际劳工组织公约第182号（最恶劣童工）；《世界人权宣言》；《联合国儿童权利公约》；《联合国消除一切形式歧视妇女行为公约》。

SA8000的内容包括童工、强迫劳动、安全卫生、集体谈判权、歧视、惩罚性措施、工作时间、工资报酬及管理体系9个要素。其主要内容包括：（1）童工。公司不可雇用童工或支持雇用童工的行为。公司应建立、纪录、保留旨在拯救童工的政策和程序，应提供足够的支持促使童工接受学校教育。（2）强迫劳动。公司不可雇用或支持雇用强制性劳工的行为，也不可要求员工在受雇之时缴纳（押金）或存放身份证件于公司。（3）组织工会的自由与集体谈判的权利。尊重所有员工结社自由和集体谈判权，公司应保证工会代表不受歧视。（4）歧视。不得因种族、社会阶层、国籍、宗教、残疾、性别、性取向、工会会员或政治归属等而对员工有歧视行为；公司不允许有性侵扰行为。（5）惩罚性措施。不得进行或支持体罚、精神或肉体胁迫以及言语侮辱。（6）工作时间。在任何情况下都不能经常要求员工1周工作超过48小时，每7天至少应有一天休假；每周加班时间不超过12小时；超时工作应该获得额外报酬。（7）工资报酬。公司应该保证所给付的工资至少能够达到法律或行业规定的最低工资标准；薪酬给付的形式，无论是现金或支票，都必须合乎方便工人领取的原则；不可逃避劳动法和社会安全法规中明确规定的对员工应尽的义务。（8）健康与安全。公司应提供健康与安全的工作环境；保证所有的员工接受定期和有记录的健康与安全训练；提供所有员工干净的可饮用水、干净的厕所。(9) 管理体系。高层应该制定有关社会责任和劳动条件的公司政策，以保证上述政策的落实并定期检查执行情况；公司应制定一名高管落实社会责任事宜。

SA8000 认证标准首先在发达国家推行。1999 年 12 月，在美国西雅图召开的 WTO 新一轮谈判中，以美国为首的发达国家提出要在世贸组织协议中列入保护劳工权利的“社会条款”。所谓“社会条款”，是指在世界贸易协议，特别是 WTO 贸易协议中写入有关规定，强制多边贸易协议中的所有签字国实施基本劳动劳工权利，即“国际劳工组织核心劳工标准”，并与贸易协议中其他义务条款具有同样的法律约束效力。因此，“社会条款”并不是一个单独的法律文件，而是对国际公约中有关结社自由并有效承认集体谈判权、消除一切形式的强迫劳动、有效废除童工、消除就业歧视等方面规定的总称。一旦缔约方违反该条款，其他缔约国有权予以贸易制裁。于是 SA8000 等社会责任标准向发展中国家推行。由于 SA8000 认证标准首次要求企业对社会道德和社会秩序承担责任和义务，因此欧美许多国家也将此认证标准称为“社会道德责任认证”，将其与贸易挂钩，在贸易交往中，把外贸订单与劳工权利首次联系在一起。

中国走出口导向型的经济发展道路，利用劳动力资源丰富的优势，进行“三来一补”（来料加工、来料装配、来样加工和补偿贸易的简称）企业贸易，成为跨国公司的供应商；同时大量引进外资（包括港澳台资）。社会责任管理随之引入中国。特别是 1993 年 11 月深圳葵涌致丽玩具厂火灾事故发生以后，海外对于外资企业在中国违反劳工标准的行为进行了强烈的批评，并成立了“玩具安全生产联络会”，以促进劳工标准在这些企业的实施。一些跨国公司还针对中国的劳工问题，制定了专门的“工厂守则”，要求中国的出口加工企业遵守。如美国国际劳工权利基金（ILRF）、全球交流组织（Global Exchange）等21个劳工组织、消费者组织、人权组织联合起草，并有多家跨国公司签署了《中国商业原则》，该原则宣称：“我们要确保我们在中国的商业活动尊重国际劳工组织（ILO）制定的基本劳工标准、联合国《经济、社会和文化公约》规定的基本人权标准、中国政府签署的《公民和政治权利公约》以及中国法律。”

我国大量从事出口贸易的企业面临供应商验厂制度。验厂制度是进口商或采购商每年定期或不定期派出验厂员或委托第三方验厂员到工厂进行审查，以确定工厂的生产实力以及工厂管理是否符合公司要求的行为。其主要内容包括供应商生产行为守则、企业社会责任、产品质量以及其他方面的工厂评估等。社会责任验厂（Social Compliance Audit）是指企业社会责任体系制定方授权一些中立的第三方机构对申请通过某种标准的企业是否能达到所规定的标准所进行审查的活动。它是采购商要求中国企业通过某些国际、地区或行业的“社会责任”标准认证，获得资格证书，以此作为采购或下达订单的依据。这类标准主要有SA8000、ICTI（玩具行业）[①]、EICC（电子行

① ICTI是国际玩具业协会的简称（International Council of Toy Industries）。该协会成立于1974年，包括20个国家和地区的玩具贸易协会。因为中国生产的玩具中有80%销往西方国家，所以成为该协会的重点。ICTI验厂是指欧美采购商委托国际第三方公正机构对自己的供应商进行ICTI审核和认证，主要内容包括：童工、工资、工时、职业健康、环境保护、安全防护等。

业)①、美国的 WRAP（服装鞋帽行业)②、欧洲大陆地区的 BSCI（所有行业)③、法国的 ICS（零售行业)④、英国的 ETI（所有行业)⑤ 等。进口商及国际组织制定的生产守则侧重点各不相同，但其核心内容都是国际公约中有关工厂人权、劳动

---

① EICC（Electronic Industry Code of Conduct）即电子行业行为准则。2004 年 10 月，惠普、戴尔和 IBM 等共同发表电子产业行为准则（EICC），旨在电子行业的全球供应链中建立标准化的社会责任感行为规范。该准则由一系列的基本规范组成，涉及劳工和招聘、健康安全、环境责任、管理系统和道德规范等，列出了各种标准，以确保电子行业供应链的工作环境安全，工人受到尊重并富有尊严，以及生产流程对环境负责。

② WRAP 环球服装生产社会责任守则：环球服装生产社会责任（WRAP）是世界上最大的以工厂为基础的为缝制产品生产商制定的认证计划，这些产品包括服装、鞋类及配饰。WRAP 认证计划以 12 个 WRAP 原则对工厂的合规性开展认证，确保世界各地的制造过程安全健康、合法、人道并符合道德。这 12 项原则包括遵守法律和工作场所规范，禁止强迫劳动，禁止使用童工，禁止骚扰或虐待，按照法律规定的薪酬和福利，法律规定的工作时长限制，禁止歧视，健康和安全，结社自由和集体谈判，环境，海关合规，以及安全性。WRAP 计划证书证明工厂遵守社会和环境道德标准，并代表负责的生产。

③ BSCI（Business Social Compliance Initiative）即倡议商界遵守社会责任组织（商业社会标准认证）。2003 年 3 月总部设在比利时布鲁塞尔的对外贸易协会 FTA 正式成立了倡议商界遵守社会责任组织 BSCI，目的是为欧洲商界遵守社会责任计划制定出执行措施和程序。BSCI 成员由零售公司及协会、进口商和生产公司组成，是欧洲社会一个针对遵守社会责任而建立的普遍监控体系，旨在不断改进成员设在全球各地的生产及供应设施的社会责任表现。BSCI 内容包括管理实践、文件证据、工作时间、报酬、童工 / 未成年工、强迫劳工 / 惩罚措施 / 囚犯劳工、结社自由 / 集体谈判自由、歧视、工作条件、健康与社会、设施职业安全与卫生、宿舍、环境。

④ ICS（Initiative Clause Social）即社会行动条款。1998 年秋季，法国商业与销售联盟的成员根据 ILO 公约并受 SA8000 认证标准的启示，提出了《社会条款行动（ICS)》。该提案主要针对来源国家中制造非食品消费产品的直接供应商。ICS 方案的目标是促进和支持所有与社会、健康/安全相关的持续改进，内容涉及供应 ICS 成员工厂的全面工作条件。

⑤ ETI（Ethical Trading Initiative）是英国道德贸易组织的英文简称，是由英国起草的一个议案，目的是通过设立针对发展中国家供应链公司社会责任的推进，以改善全球工人的工作条件。ETI 由三方代表组成：公司、工会和非政府组织。

标准、安全与健康、反恐等内容；执行生产规范检验的具体做法也基本一致：遵照各国法律和各跨国公司的行业标准来规定具体的行为规范，以东道国法律法规为基础，以国际公认的标准为导向，以行业标准和公司规定为具体操作要求。

与日本企业注重产品质量检测不同，欧美企业通常侧重于对企业社会责任以及劳工权利的检查。以迪斯尼公司对其玩具类、服装类供应商工厂的审核内容为例，其工厂巡视内容主要包括：工厂环境的卫生安全检查，员工宿舍卫生检查；消防安全、机械安全和产品安全检查；劳工的安全检验，包括查看每个劳动者是否使用或具备个人防护用品；根据美国环境保护局（EPA）或职业安全与健康管理局（OSHA）或空气质量管理区（AQMD）的检验标准，审核工厂的环境污染和环境保护状况；工厂的化学品及危险品存放状况①。

截至 2003 年底，全球超过 2000 家跨国公司已经制定并推行公司社会责任守则，其中 50 多家公司已经在我国开展社会责任审核，有些公司还在中国设立了劳工和社会责任事务部门。2005 年 6 月 30 日，我国已有 101 家企业获得 SA8000 有效认证②。

跨国公司的验厂程序包括工厂文件检查、工厂环境查看、

ETI 的基本守则与 SA8000 类似，都是基于联合国劳工组织基本协议起草的。其内容包括自由选择的雇用关系、尊重结社自由和工会代表劳方进行劳资谈判的权利、安全卫生的工作条件、不可使用童工、支付最低生活工资、不能超过工作时间、禁止歧视、提供正规的雇用关系、不允许以苛刻和不人道的方式对待雇员。

① 沈根荣，阎文盈．国外进口商验厂制度对我国出口的影响及对策探讨[J]. 国际商务研究，2009，30（1）：29－34.

② 童举希．论 SA8000 对我国民营企业人力资源管理的促进[J]. 扬州大学学报（人文社会科学版），2007，11（5）：100－103.

工人访谈等。一般第一次验厂不收费，如果不合格，限期整改。第二次验厂收 500—1000 美元不等的费用，如果第二次验厂又没有通过，再给一次机会，这次仍要收费。第三次通不过就取消订单。比如某出口企业被国内外媒体报道违法使用童工之后，国外客户经过核实都取消了订单，2000 多人的工厂不到一个月就倒闭了；2003 年 7 月，广东一家台资鞋厂因发生中毒事件，美国进口商对该厂全部撤单；同年 9 月，广东中山一家 500 人左右的鞋厂因没有达到当地法律规定的最低工资标准，也曾被停单两个月①。

社会责任验厂，对我国出口导向型的企业是很大的挑战。这是由于我们处在全球产业链的中低端环节，在国际市场上的话语权较弱。依赖低人工成本获得的低价供货，谈判能力较低。验厂不但增加了出口企业的成本，一个 1500 人的工厂，获取 SA8000 标准认证的费用在 23 万元左右②。验厂更对我们低劳动保护的企业用工情况形成巨大挑战。这些企业存在大量工人超时加班、低工资、低劳动安全保护、低职业健康等现象；政府的规制也严重滞后。因此，一方面，企业对验厂都十分重视，投入大量的人力物力，许多企业成立了人权验厂部、验厂事务部，专门负责验厂的工作。另一方面，企业可能采用多种手段对付供应链责任审计。如伪造出勤、工资单等各类文件，采用某些手段让员工配合验厂、统一口径，贿赂验厂公司和人员，使之出具有利的验厂报告。总之，在跨国公司推动的

---

① 郑卫东. SA8000 带给中国企业的深层思考[J]. 财经科学，2004 (6)：61 - 65.

② 廖蔚雯，马境池. 企业社会责任标准对我国加工贸易影响和对策[J]. 山西科技，2006 (6)：65 - 66.

这场社会责任验厂活动中，中国加工企业也会随之对生产条件进行改善。但总体来说，它对中国企业社会责任和劳动保护的推进作用不大。在国际社会组织及民众、跨国公司（其代表是第三审查机构）、中国供应商的博弈中，可能跨国公司与供应商联手，编制失真的社会责任验厂报告，应付国际社会组织和民众。

第二节　中国企业社会责任和劳动关系的推进

中国的企业社会责任运动是与中国改革开放相联系的，1984 年中国的计划经济体制走向有计划的社会主义商品经济，提供了企业社会责任发展的环境。发展出口导向型经济，企业社会责任引入沿海企业；加入 WTO 后，中国经济快速融入全球，进一步推动了企业社会责任运动。

一、中国企业社会责任的产生

中国企业社会责任在改革开放后逐步产生、发展。1989 年启动的希望工程和 1994 年成立的中国光彩事业促进会及中华慈善总会是中国现代慈善事业的代表组织。

1994 年 1 月 1 日起施行的《消费者权益保护法》第一次以立法的形式全面确认消费者的权利。1994 年 7 月 1 日起施行的《公司法》确立了企业的法人地位。同时还有《工会法》《劳动法》《环境保护法》等，规定了企业在劳工保护、环境保护等方面的基本法律责任。这些法律的出台为中国企业社会责任事业奠定了基础。

随着跨国公司进入中国，国际社会责任运动也进入中国。

中国内地第一份社会责任报告可追溯至 1999 年，壳牌（中国）公司率先发布企业可持续发展报告；之后数年，中石油股份公司、福特汽车、宝钢股份、中国平安、东芝中国也先后加入这一行列中。2005 年江西移动公司发布其 2004 年社会责任报告，这是内地企业发布的首份企业社会责任报告；2006 年，国家电网发布央企首份题为“企业社会责任报告”的可持续发展报告。

二、中国企业社会责任的发展

2002 年，联合国开发署、中国企业联合会、中国光彩事业促进会共同主办“21 世纪中国企业家社会责任”论坛。同年，中国企业联合会和英国政府举办“中国全球契约——企业社会责任研讨会”。2003 年，中国企业联合会与国际劳工组织召开“首届中国雇主论坛”；2004 年，联合国秘书长安南与中国企业家就“全球契约”等问题进行座谈；2005 年，中国企业联合会成立“全球契约”推进办公室；中国纺织工业协会制定行业社会责任指南 CSC9000T[1]。

2005 年 10 月，我国对《公司法》做出了重大修订，新《公司法》在追求股东价值最大化的同时，强化了公司的社会责任。新《公司法》第 5 条明确要求公司从事经营活动，必须“承担社会责任”。公司理应对其劳动者、债权人、供应

---

① 中国纺织企业社会责任管理体系（CSC9000T）是我国第一个企业社会责任测评体系。该测评体系于 2005 年 5 月 31 日全面启动。CSC9000T 从九个方面对企业社会责任状况进行评估：管理体系，劳动合同，童工，强迫或强制劳动，工作时间，薪酬与福利，工会组织与集体谈判权，歧视、骚扰与虐待，职业健康与安全。CSC9000T 标准与 SA8000 标准相似，主要针对劳动保护，在纺织行业执行。

商、消费者、公司所在地的居民、自然环境和资源、国家安全和社会的全面发展承担一定责任。在实践中，越来越多的公司设立了企业社会责任委员会或类似机构来专门处理企业社会责任事项，越来越多的企业公开发表社会责任报告。

2006 年，国务院侨办、中国新闻社和《中国新闻周刊》举办“中国企业社会责任国际论坛”；国家发改委与欧盟企业联合举办“中欧企业社会责任高层论坛”；中央电视台与中国社会工作协会企业公民委员会举办“财富新观念高峰论坛暨中国优秀企业公民表彰大会”；《WTO 经济导刊》、中国社会工作协会企业公民委员会和日本经济团体联合会举行中日企业社会责任研讨会。

资本市场方面，证监会 2009 年 12 月发布了《关于做好上市公司 2009 年年度报告及相关工作的公告》，沪深两地交易所也先后发布关于上市公司履行企业社会责任的文件。深圳证券交易所在 2006 年 9 月发布的《上市公司社会责任指引》和 2008 年 12 月发布的《关于做好上市公司 2008 年度报告工作的通知》中就提出上市公司应当发布社会责任报告；上海证券交易所在 2008 年 5 月发布的《上市公司环境信息披露指引》以及 2009 年 1 月发布的《上市公司社会责任报告编制指引》中对社会责任报告编制做出了细化的要求；还发布“社会责任指数”。

行业协会方面，在中国煤炭工业协会 2013 年 5 月 12 日召开的“2013 年煤炭行业企业社会责任报告发布会”上，中煤集团等 14 家大型煤炭企业发布了社会责任报告。房地产、汽车、医药卫生、直销、体育用品等行业均发布了行业可持续发展报告或相关调查研究。中国纺织工业协会出台《中国纺织服装可持续发展报告纲要》。中国工业经济联合会组织召开2009年、2011年中国工业经济行业可持续发展报告发布会。

政府是推动我国企业社会责任的主要动力。2008年1月，国资委发布一号文《关于中央企业履行社会责任的指导意见》，鼓励中央企业发布社会责任报告，接受社会公众的监督，2010年8月要求中央企业3年以内都要发布社会责任报告。2010年11月2日，中国国家标准委在其官方网站发布《参照ISO26000制定符合中国国情社会责任标准》一文，其中综述了ISO26000的主要内容所遵循的原则和制定目的，并提出参考ISO26000标准，根据对中国政治经济文化特点的研究制定有中国特色并符合中国国情的社会责任标准，以促进我国各种组织的社会责任建设。沿海地区一些企业已运用ISO26000进行认证。

2014年我国对环境保护法进行了25年来的首次修订，实施严厉的环保监管；同年国务院批复的《国家应对气候变化规划（2014—2020年）》要求，到2020年，实现单位国内生产总值二氧化碳排放比2005年下降40%—45%。2014年国家工商总局发布《网络交易平台经营者履行社会责任指引》，要求网络平台企业在建立健全管理制度、订立履行合同、审查登记经营者信息、防止商标侵权和制售假冒伪劣商品行为、保护消费者权益等方面履行社会责任。2014年10月28日，党的十八届四中全会通过的《中共中央关于全面推进依法治国若干重大问题的决定》提出“加强企业社会责任立法”。2015年党的十八届五中全会提出“创新、协调、绿色、开放、共享”的新发展理念；同年，《关于深化国有企业改革的指导意见》提出，国有企业要做履行社会责任的表率；中央企业开展

“十三五”社会责任发展规划。国家质检总局、国家标准委联合发布三项社会责任国家标准：《社会责任指南》（GB/T 36000－2015）、《社会责任报告编写指南》（GB/T 36001－2015）、《社会责任绩效分类指引》（GB/T 36002－2015），三项标准于2016年1月1日起实施。2016年7月1日，国务院、国资委联合印发《关于国有企业更好履行社会责任的指导意见》，指出国有企业履行社会责任要坚持以可持续发展为核心；坚持社会责任与企业改革发展相结合；坚持社会责任与企业运营相融合。2016年8月30日，SJ/T 16000－2016《电子信息行业社会责任指南》发布。该指南是结合电子信息行业的实践和特点而制定的行业标准，为电子信息行业指出了社会责任的基本目标、基本原则、基本实践，10个核心主题及相关31个议题。2017年9月25日，《中共中央国务院关于营造企业家健康成长环境弘扬优秀企业家精神更好发挥企业家作用的意见》发布，提出要引导企业家主动履行社会责任，增强企业家履行社会责任的荣誉感和使命感，引导和支持企业家奉献爱心。

企业社会责任的大力推动，促使更多的企业发布社会责任报告。我国企业社会责任报告的数量从2011年开始迅速增长，2016年社会责任报告数量突破了3043份，其中企业发布报告1908份，非企业组织发布报告1035份[①]。

中国推进企业社会责任进程，可以简略如图2－1所示。

三、中国企业社会责任推进机构

自从企业社会责任引入我国，国内学者对其进行了广泛的

① 金蜜蜂中国企业社会责任报告研究2017［J］. WTO经济导刊，2017：12.

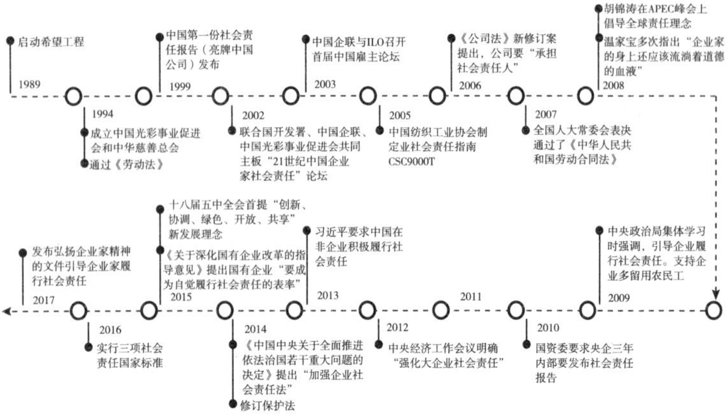

图 2-1 企业社会责任推进大事件

研究，关于企业社会责任的论文迅猛增加，国内的一些组织机构（包括政府和非政府机构）都积极推动企业社会责任运动，促使人们认识企业社会责任，企业自觉承担社会责任，最终达到人类和谐发展。

1. 政府

国内一些发达城市，在政府机构（包括地方总工会）的带领下成立了企业社会责任评价机构，对当地的一些企业进行企业社会责任的评价，引导企业认识、理解、承担企业社会责任。就全国来看，有义乌、江苏无锡新区、广东深圳、宁波、杭州、上海浦东新区等城市开展了企业社会责任指标体系建立或类似活动。深圳市政府 2007 年 5 月 9 日发布《中共深圳市委深圳市人民政府关于进一步推进企业履行社会责任的意见》，鼓励企业向社会发布企业社会责任报告。常州从 2007 年开始，每年 5 月 1 日表彰社会责任达标企业，由市财政经费拨出奖励经费。浙江义乌 2008 年开始企业社会责任评价。杭州 2009 年开始每两年进行一次企业社会责任评价。浦东新区

2007 年起开始推进企业社会责任体系建设，成立专职部门，2011 年开始每年评出社会责任达标企业。2014 年 1 月 21 日，山东省质量技术监督局批准发布《企业社会责任指标体系》和《企业社会责任报告编写指南》两项山东省地方标准，从责任管理、社会影响、环境影响、经济影响等方面为企业如何履行社会责任提供了统一的标准和规范的文本，是我国第一个省级地方标准。2017 年 2 月 8 日，江苏省经济和信息化委等部门联合发布《江苏省企业社会责任建设指导意见》，提出推进全省企业社会责任建设的总体要求、主要内容、工作措施和保障机制，要求建立健全促进企业履行社会责任的工作机制，构建企业社会责任评价体系。浙江、青海、上海、深圳等地方政府也纷纷出台了推进企业社会责任的文件和要求。

下面介绍几个较早开展企业社会责任建设的几个典型地方政府的做法。

（1）杭州

杭州市的企业社会责任建设活动由杭州市总工会牵头。市委、市政府于 2009 年 10 月发布了《关于加强企业社会责任建设的意见》，提出了企业履行社会责任的十大内容。并于 2010 年和 2012 年先后制定出台了《杭州市企业社会责任评价体系》（通用版）、《杭州市企业社会责任建设业评价体系》《杭州市企业社会责任服务业评价体系》以及《杭州市企业社会责任评估办法》等一系列文件，要求通过政府、企业、社会各界协调配合、全员联动，来全面开展和推进杭州市企业社会责任建设，实现杭州经济社会全面协调可持续发展。

杭州市企业社会责任建设评估工作每两年实施一次，至 2017 年 7 月开展第 5 届评价。第一次（2010—2011 年）为试点工作，共有203家企业参评，最终评定46家企业为杭州市企业社会责任A级企业，10家企业为杭州市首批“最具社会责任企业”。市政府于2011年9月召开大会，对上述企业进行了表彰奖励，同时发布了首份《杭州市企业社会责任建设蓝皮书》。在试点工作的基础上，2012年杭州市全市共有1962家规模以上创建和谐劳动关系达标企业申报参与企业社会责任建设评估活动，首轮遴选之后，共有646家企业获得企业社会责任参评资格。评估建设工作总结后发布了《2012—2013：杭州市企业社会责任蓝皮书》。2015年，为了方便外资外贸企业参评，杭州市又发布了杭州标准外文版。2016年杭州第四届社会责任建设评估，申报评估企业有4123家，其中173家达到A级标准，2696家达到C级以上标准①。杭州市的社会责任评价特别注重其中的劳动用工责任，2014年4月23日，杭州市《企业社会责任评价规范》地方标准正式发布。该标准规定，企业建立正常的工资增长机制，员工年人均工资高于上年度的，得10分。

（2）上海浦东新区

上海浦东新区作为国家综合配套改革实验区，自2007年起试点推进企业社会责任体系建设，成立专职部门，发布政策文件，制定行动纲要，构建评价体系。截至2010年底，新区共有3000家企业建立诚信机制，1500家企业提出企业社会责任达标评估申请，其中200家企业通过评估成为浦东新区“企业社会责任达标企业”，300家企业发布社会责任年度报告。

---

① 丛杨．杭州发布企业社会责任建设报告173家企业获评“A”［N］．青年时报，2016-5-20.

浦东新区《企业社会责任导则》于2009年上升为上海市地方标准，这是我国首个省级地方标准。2010年，新区发布了国内第一份以地方政府名义发布的区域竞争力报告。2011年制定《浦东新区加快推进企业社会责任体系建设三年行动纲要(2011—2013年)》，发布新的《浦东新区推进企业履行社会责任的若干意见》，设立“浦东新区建立企业社会责任体系联席会议办公室”（设在新区商务委），由新区商务委、法制办、环保市容局、劳动保障局、总工会、国资委及相关单位和企业组成。企业社会责任办公室主要职能有：协调新区企业社会责任推进工作；组织制定并实施新区推进企业履行社会责任计划；搭建新区建立企业社会责任体系的信息平台；受理企业社会责任达标评估申报并组织评估，受理达标企业享受有关扶持政策的申请等日常工作。在浦东新区范围内开展经营活动的企业，可以向企业社会责任办公室申报企业社会责任达标评估，通过评估后，由新区企业社会责任办公室发给达标证书，有效期两年。达标企业在申请发展基金、技改贴息贷款和担保、政府采购等方面有优惠政策。此后，浦东新区政府每年开展几轮企业社会责任达标认定并公示。

2. 学术机构

中国国内首篇关于企业社会责任的学术文章是华惠毅于1985年发表在《瞭望》的第38期的《企业社会责任——访南化公司催化剂厂》。此后，企业社会责任的学术研究文章逐年增加。

为推动中国企业社会责任发展，中国社会科学院于2008年2月成立中国社会科学院经济学部企业社会责任研究中心，是中国企业社会责任领域唯一的国家级研究机构和最高理论研究平台。中心以我国企业社会责任理论创新为己任，积极开展中国企业社会责任问题的系统理论研究，发布《中国企业社会责任报告编写指南》（1.0/2.0），编辑出版《中国企业社会责任》文库，促进中国特色的企业社会责任理论体系的形成和发展。中心主办“中国企业社会责任研究基地”，为政府部门、社会团体和企业等各类组织研究、解决社会责任应用性问题提供意见和建议；主办中国社科院研究生院 MBA《企业社会责任》必修课，开展社会责任培训，传播社会责任理论知识与实践经验；组织、参加各种企业社会责任研讨交流活动，分享企业社会责任研究成果。中心每年出版《中国企业社会责任蓝皮书》，跟踪记录上一年度中国企业社会责任理论和实践的最新进展；持续发布《中国企业社会责任发展指数报告》，研究记录我国企业社会责任发展的阶段性特征；制定、发布、推动《中国企业社会责任报告评级》。

此外，清华大学创新与社会责任研究中心、北京大学社会责任研究所、厦门大学企业社会责任与企业文化研究中心、中山大学岭南学院企业社会责任研究中心、湖南大学企业社会责任及劳动关系研究中心也已开展针对社会责任的研究，对推动企业社会责任起着促进作用。

3. 行业协会或企业联合会

行业协会方面，在中国煤炭工业协会 2013 年 5 月 12 日召开的“2013 年煤炭行业企业社会责任报告发布会”上，中煤集团等 14 家大型煤炭企业发布了社会责任报告。房地产、汽车、医药卫生、直销、体育用品等行业均发布了行业可持续发展报告或相关调查研究。中国纺织工业协会出台《中国纺织服装可持续发展报告纲要》。中国工业经济联合会组织召开

2009 年、2011 年中国工业经济行业可持续发展报告发布会。行业推进组织中有很多，这里介绍几个主要的。

（1）企业联合会

中国企业联合会、中国企业家协会由专门研究企业社会责任和全球契约的人员组成中国企业联合会全球契约办公室，是中国企业联合会、企业家协会的下级机构，致力于推动企业的社会责任工作。中国企业联合会、中国企业家协会成为全球第一个参与"全球契约"的国家级雇主组织。其主要目的是，促使企业在保障劳动者权益、环境保护、资源合理配置、诚信商誉、提高就业水平和促进社区稳定等方面尽到自己的责任，做出应有的贡献。

（2）中国工业经济联合会

中国工业经济联合会是经国务院批准成立、国家民政部注册登记的全国性社会团体，简称中国工经联。中国工经联前身为 1988 年成立的中国工业经济协会。中国工经联是全国工业行业协会的联合组织。2012 年中国工业经济行业企业社会责任报告发布会在人民大会堂举行。会上发布了《中国工业企业社会责任指南实施手册》《中国工业协会社会责任指南实施手册》《2012 社会责任报告综合评估报告》和《2012 社会责任案例选编》。2013 年中国工业经济行业企业社会责任报告发布会在京召开。中国工经联向全社会发布了《中国工业企业社会责任评价指标体系》。

（3）中国纺织工业协会

中国纺织工业协会推出中国最早的一部企业社会责任行业标准体系，即《中国纺织企业社会责任管理体系（CSC9000T）总则及细则》，其主要适用对象是纺织服装企业。此标准体系内容相对简单，采用的是狭义的社会责任，即员工权益保护，其内容具体包括劳动合同、童工、强迫或强制劳动、工作时间、薪酬与福利、歧视、工会组织与集体谈判权、骚扰与虐待、职业健康与安全九个方面，与“美国企业社会责任国际”所制定的 SA8000 社会责任国际标准比较相近。

4. 媒体

（1）《WTO 经济导刊》

《WTO 经济导刊》是由商务部主管的专门关注中国入世后解决动态的财经类期刊。2004 年该刊开始刊登介绍 SA8000 及中国企业应对策略的文章，与欧洲、美国、日本等国家的社会责任机构接触、交流互访；成立“中国企业社会责任发展中心”，举办企业社会责任国际论坛，对中国企业进行培训，发布企业社会责任优秀案例，出版与企业社会责任相关的书籍。从 2006 年开始，《WTO 经济导刊》每年评选“中国企业社会责任十大事件”“国际社会责任十大事件”，从 2014 年开始，社会责任十大事件在金蜜蜂网站发布。

（2）《财富》（中文版）

《财富》（中文版）从 2007 年开始发布“中国企业社会责任 100 排行榜”；成立研究评审委员会，参与并主导排行榜评分模型的构建；界定出一系列企业社会责任核心议题后，从中抽取了评估指标，再围绕环境、社会、企业治理三个领域构建评分框架体系，整个评分框架共有 12 个标准，并进一步细分为 45 个次级标准和 180 个评分指标。企业的评价经过分析员通过公开渠道信息、第三方发布、媒体报道去回答问题，然后给企业评分，评分只基于公开渠道的信息披露，包括年报、企业社会责任报告、公司网站以及可靠的媒体渠道。

（3）《南方周末》

《南方周末》于2008年6月正式成立了“中国企业社会责任研究中心”，以“世界500强企业在华贡献排行榜”“中国（内地）民营企业创富榜”“国有上市企业社会责任榜”三榜评选为核心工作。至2013年7月，已举办了五届中国企业社会责任年会，公布了第五届“2012年的中国国有上市企业社会责任榜”“2012年中国（内地）民营企业创富榜”以及“2012年世界500强在华贡献排行榜”。

（4）中国青年报社

根据国务院国资委要求，2012年所有中央企业都要发布社会责任报告，即《中央企业社会责任评价》。中国青年报依托中青在线网络平台，动员和组织广大青年对中央企业履行社会责任状况进行评价，促进央企与公众良性沟通、互动，自6月1日起至10月底，针对青年人进行“您对中央企业社会责任表现满意吗”的大型调查。

（5）中国建设报社

《中国建设报·中国住房》，依托住房和城乡建设部政策研究中心，共同发起“中国责任地产TOP100”推介活动，于2011年起每年举办一届，作为中国房地产界履行社会责任的年度检阅。首届推介活动于2010年12月正式启动，活动组委会编制《中国房地产企业社会责任评价指标体系（2010年版)》，并组织政界、学界、专业咨询机构、媒体界等几十位社会各界的权威人士进行专业评审，最终于2011年4月发布“首届中国责任地产TOP100”和《2010年中国房地产企业社会责任实践报告》，同时成立“中国责任地产联盟”，并由企业代表宣读“2011中国责任地产宣言”。第二届“中国责任地产 TOP100”推介活动于 2012 年 7 月举办。

（6）第一财经

2007 年 7 月成立“第一财经研究院”，作为其“脑库”，在第一财经“CSR 企业社会责任榜”和“金融价值榜”等大型评选活动中，承担了独立评审机构的工作，每年发布“中国企业社会责任榜”。

从我国企业社会责任建设推进机构来看，有政府、行业协会、媒体、学术机构，还有国际社会责任 NGO 组织。但总体来说，政府和行业协会是主要推动力量。因为行业协会的半官方性质，所以说社会责任是由政府主导推动的，这符合我国政府主导的市场经济逻辑。欧美国家的社会责任建设，是由消费者民权运动、劳工运动、环保组织等社会运动和社会组织推动的，之后政府参与，对成熟的社会责任做法用立法方式推行。我国的企业社会责任建设及和谐劳动关系构建，基本上都是自上而下，政府主导，社会参与不够。企业社会责任的进一步发展，需要更多的社会组织参与其中，需要更多自下而上的力量。

四、中国和谐劳动关系推进历程

中国市场化劳动关系是伴随着改革开放的步伐逐步建立起来的。改革开放前，我国的劳动市场二元分割，城镇劳动者基本上为国营企业和集体企业职工；农村劳动者都是人民公社体制下的社员。改革开放，农村推行家庭联产承包制，大大解放了劳动生产力；发展非公有制经济，开辟了新的吸纳劳动力的领域，于是我国出现庞大的农民工队伍；国有企业改革，打破“铁饭碗”，职工被推向劳动力市场。

1985 年 9 月全国人大常委颁布《中华人民共和国居民身

份证条例》，城乡居民都发身份证以验证身份，这样城乡居民可以自由流动、自由择业。这一制度有着标志性意义，意味着国家从控制人口流动到促进流动，计划经济时代的控制人口流动政策彻底被改革①，农民可以自由进城到工厂就业。1986年，国务院颁布《国营企业实行劳动合同制暂行规定》，在国营企业推行劳动合同，提高企业的活力。1992 年十四大提出建立社会主义市场经济体制，推进现代企业制度成为改革重点，建立相适应的劳动力市场成为配套改革，国有企业开展了“减员增效”“下岗分流”的改革。1992 年，徐州国营企业掀起了一股以“破三铁”（“铁饭碗”“铁工资”和“铁交椅”）为中心的企业劳动、工资和人事制度的改革热潮。1995 年《劳动法》正式实施，国有企业全面推行劳动合同制。截至2002 年，我国国有企业下岗职工近 2000 万人，如果加上集体企业的下岗职工，近 4000 万人②。国有企业经过改制，职工变成市场经济的劳动主体；农民工一诞生就成为市场化劳动关系的主体。20 世纪我国劳动关系领域的改革，都以“去规制”为核心，破解计划经济体制的桎梏，为市场经济发展提供相应的劳动力。

劳动力市场化为经济发展提供了基本条件，然而，缺乏劳

---

① 1953 年 4 月，国务院发出了《劝止农民盲目流入城市的指示》，首次提出了“盲流”的概念。1956 年秋后，农村人口外流到大城市和工业建设重点区域的现象发展到十分严重的程度，国务院于年底再次发出《防止人口盲目外流的指示》，并于 1957 年年初对该指示做了补充后再次下发。1959 年 3 月，由于极“左”路线盛行，饿死人的情况已经大规模发生，中共中央、国务院联合发出了《关于制止农村劳动力盲目外流的紧急通知》。所有未经许可即离开乡土、“盲目流入”城市的农民都是“盲流”，对“盲流”进行收容、遣返。

② 常凯. 三十年来劳资关系的演变历程[J]. 中国商界，2008（6）：37－39.

动保护、不规范的劳动关系管理导致劳资冲突迅速增加。1993年全国共发生8709宗群体性事件，此后一直保持快速上升趋势，1999年总数超过32000宗，2003年60000宗，2004年74000宗，2005年87000宗，上升了近十倍。对这些事件进行分类发现，农民维权约占35%，工人维权为30%，市民维权15%，社会纠纷10%，社会骚乱为5%，有组织犯罪等为5%①。从1994年至2003年，劳动争议案件和人数按每年30%左右的速度增长，争议的主要原因是劳动者权益受到侵害，争议的性质是权利争议②。2001年我国加入WTO，经济快速融入世界体系。在劳工领域，我国加大了与国际社会的对话，逐步实施一些劳动保护政策。面对日益增加的劳资冲突，我国加大了劳动立法。2004年出台《最低工资规定》；2008年，我国推出《劳动合同法》《促进就业法》《劳动争议调解仲裁法实施条例》等，其中《劳动合同法》引起广泛反响。《劳动合同法》实际上是对中国劳动关系的"再规制"，全面推行劳动合同制，促使企业用工规范化，保护劳动者尤其是非公有制领域劳动者的权益。

2003年我国提出科学发展观，2004年9月19日，中国共产党第十六届中央委员会第四次全体会议上正式提出了"构建社会主义和谐社会"的概念，并将劳工领域作为实践科学发展观、构建和谐社会的突破口③。党的十六届六中全会决议

---

① 于建嵘．中国的社会泄愤事件与管治困境[J]．当代世界与社会主义，2008（1）：4－9.

② 常凯，陶文忠．人力资源管理与劳动关系调整[J]．中国人力资源开发，2006（8）：4－9.

③ 涂晓亮，王光华，乔健等．劳动关系市场化与法制化的30年变奏——以劳动者劳动人权的实现为视角[J]．现代交际，2009（2）：10－20.

提出，发展和谐劳动关系，全面实行劳动合同制度和集体协商制度，维护劳动者特别是农民工合法权益。党的十七大报告也要求“规范和协调劳动关系”。2008 年的《政府工作报告》又对建设和谐劳动关系作出部署。然而，我们一些地区劳动关系并不和谐。2010 年南海本田事件及引发的全国系列反应，敲响了我国劳动关系的警钟。这些事件引起全国对劳动关系建设的重视。2011 年 8 月，召开全国构建和谐劳动关系先进表彰暨经验交流会，这是改革开放以来首次全国部署构建和谐劳动关系的工作会议。2010 年 10 月 28 日《中华人民共和国社会保险法》在第十一届全国人民代表大会常务委员会第十七次会议通过，于 2011 年 7 月 1 日起施行。2012 年党的十八大明确提出构建和谐劳动关系；2015 年 3 月中共中央、国务院发布《关于构建和谐劳动关系的意见》，将和谐劳动关系建设提到前所未有的高度。

我国推进和谐劳动关系的进程如图 2－2 所示。

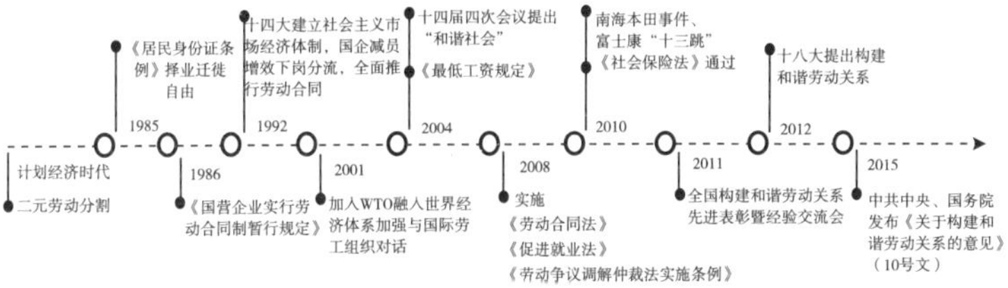

图 2－2　和谐劳动关系推进历程

第三节　企业社会责任标准中的内外部社会责任

企业社会责任标准在全球范围内已经超过 400 个。按照其适用范围，可以将企业社会责任标准分为国际标准、外国标准、中国国家标准、中国行业标准和中国地方标准。典型的企业社会责任国际标准如 SA8000、ISO26000、ISO14000 环境管理体系标准、联合国商业与人权指导原则、国际劳工标准、联合国全球契约、道琼斯可持续发展指数、OECD 跨国公司行为准则、GRI 可持续发展报告倡议等；中国国家层面的社会责任标准如国家标准委制定的《社会责任指南》及其配套文件、国务院国资委发布的《关于推进中央企业履行社会责任的意见》《中国工业企业及工业协会社会责任指南》及其配套文件，中国社科院制定的标准等。

一、企业社会责任国际标准中的内外部社会责任

（一）企业社会责任国际标准类型

世界企业社会责任标准既有单个标准，也有综合标准。前者如劳工标准、质量标准、环境标准；综合标准以 ISO26000 级 GRI（Global Reporting Initiative，全球报告倡议组织，简称为 GRI）应用最多。

1. 劳工标准

国际劳工标准一般是指由国际劳工组织（International Labor Organization，ILO）所采纳的公约和建议。截止到 2007 年 6 月，国际劳工组织通过了 188 项公约和 199 项建议书。这些公约和建议书内容涉及劳工权益的各个领域：诸如基本人权、就业、社会政策、劳动管理、工作条件、行业关系、社会保障、妇女地位、童工问题、移民工人、成年工人以及本地工人、部落人口和非城市工人等，对劳动者的劳动报酬、劳动条件、劳动福利及其他公民权利作了全面完整的规范和要求。这些规定被越来越多的国家

所认同，逐渐呈现出在广度和深度上的多元发展态势。

2. 质量标准

国际质量标准主要是ISO9000。ISO是世界上最大的非政府性国际标准化组织，其成员由来自世界上100多个国家的国家标准化团体组成。ISO9000标准是国际标准化组织在1994年提出的概念，是指由ISO/TC 176（国际标准化组织质量管理和质量保证技术委员会）制定的国际标准。ISO9000不是指一个标准，而是一族标准的统称，其中最具基础性的ISO9001是用于证实组织具有提供满足顾客要求和适用法规要求的产品的能力，目的在于增进顾客满意度。随着商品经济的不断扩大和日益国际化，为提高产品的信誉、减少重复检验、削弱和消除贸易技术壁垒、维护生产者、经销者、用户和消费者各方权益，这个第三认证方不受产销双方经济利益支配，比较公证、科学，是各国对产品和企业进行质量评价和监督的通行证。ISO9000质量标准自问世以来，已被全世界数百个国家和地区采用为国家级标准，它已经成为许多国家的市场准入条件。中国于1992年将ISO9000等同采用为国家标准。

3. 环境标准

ISO14000标准是在顺应国际上对环境保护要求日益强烈、强调可持续发展的大趋势下产生的，也是伴随着人类对环境问题的了解到认识过程的变化产生的。ISO14000环境管理系列标准是国际标准化组织（ISO）继ISO9000标准之后于1996年推出的又一个管理标准。该标准是由ISO/TC 207的环境管理技术委员会制定，有14001到14100共100个号，统称为ISO14000系列标准。该系列标准是一体化的国际标准，它包括环境管理体系、环境审核、环境标志、生命周期分析等国际环境管理领域内的许多焦点问题，旨在指导各类组织取得和表现正确的环境行为。它还融合了世界上许多发达国家在环境管理方面的经验，是一种完整的、可操作性很强的体系标准，包括为制定、实施、实现、评审和保持环境方针所需的组织结构、策划活动、职责、惯例、程序过程和资源。其中ISO14001是环境管理体系标准的主标准，它是企业建立和实施环境管理体系并通过认证的依据。按ISO14001标准要求建立的环境管理体系由5个一级指标和17个二级指标组成。

4. 综合标准

国际上比较有影响力的衡量企业社会责任和可持续发展的综合性体系有多米尼社会责任投资指数（KLD）①、全球报告倡议（GRI）、道琼斯可持续发展指数（DJSI）②、全球契约标

---

① KLD指数的英文全称为Domini 400 Social Index SM，但是西方学者通常称之为KLD指数。该指数由美国KLD研究与分析公司建立，在西方国家有重要影响力。具体测评方法是：1. 先用定性筛选法淘汰从事以下领域活动的企业：军备、酒精、烟草、赌博、核能以及近期内卷入重大的违背社会责任事件的企业。2. 从以下方面对筛选出来的企业进行定量评估：社区、企业管理、多元化、雇员关系、环境、人权、产品等方面然后根据量表对目标企业进行评分。KLD指数是在西方企业社会责任学术领域中应用最广泛的测评工具。

② 道琼斯可持续发展指数（The Dow Jones Sustainability Indexes，DJSI）是由道琼斯公司推出的全世界第一个可持续发展指数，颁布于1999年，主要是从经济、社会及环境三个方面，以投资角度评价企业可持续发展的能力。该指数主要跟踪在可持续发展方面有卓越表现的大型公司，其成分股是从道琼斯全球指数2500家全球最大的公司中表现最优秀的10%中选出。DJSI被认为是全球社会责任投资的参考标杆之一，全球超过50亿美元的资产配置以DJSI为基础。道琼斯可持续发展指数为资产管理者的可持续性投资组合提供客观可靠的基准。入选该指数的公司必须符合各项严格的评选标准。在深入分析企业在经济、环境和社会等方面的综合表现后，道琼斯可持续发展指数每年发布一份系列评估，评估标准涵盖公司治理、风险管理、品牌创建、缓解气候变化、供应链标准、劳工活动等。道琼斯可持续发展指数将所有企业分为19个大行业，再细分为57个行业，并设有行业特有的可持续性评估标准。

准[①]、跨国公司行为准则[②]以及 ISO26000。

（二）国际社会责任标准中的内外部责任

ISO26000 和 GRI 可持续发展报告是影响广泛的国际综合标准，也是我国企业撰写社会责任报告时参考最多的两个标准（见表 2－1）。因此以这两个社会责任标准详细论述其包含的内外部社会责任。

表 2－1　2017 年中国制造企业社会责任报告撰写标准

序号	社会责任报告标准	参考企业数量
1	《中国企业社会责任报告编写指南》	25

---

① 全球契约（Global Compact）号召各公司遵守在人权、劳工标准、环境及反贪污方面的十项基本原则。1995 年召开的世界社会发展首脑会议上，联合国秘书长科菲·安南曾提出“社会规则”“全球契约”的设想；1999 年 1 月在达沃斯世界经济论坛年会上再次提出“全球契约”计划；2000 年 7 月在联合国总部正式启动。“全球契约”原则基本来自《世界人权宣言》、国际劳工组织的《关于工作中的基本原则和权利宣言》以及关于环境和发展的《里约原则》。“全球契约”十项原则包括：（1）企业应该尊重和维护国际公认的各项人权；（2）绝不参与任何漠视与践踏人权的行为；（3）企业应该维护结社自由，承认劳资集体谈判的权利；（4）彻底消除各种形式的强制性劳动；（5）消除童工；（6）杜绝任何在用工与行业方面的歧视行为；（7）企业应对环境挑战未雨绸缪；（8）主动增加对环保所承担的责任；（9）鼓励无害环境技术的发展与推广；（10）企业应反对各种形式的贪污，包括敲诈、勒索和行贿受贿。

② 《跨国公司行为准则》（*Guidelines for Multinational Enterprises*）是由 30 个经济合作与发展组织，简称经合组织（OECD）于 1976 年制定的，OECD 是由 30 个成员国（市场经济国家）和 9 个观察员国组成的政府间国际经济组织，旨在共同应对全球化带来的经济、社会和政府治理等方面的挑战，并把握全球化带来的机遇。该准则对于 20 世纪 70 年代全球范围开展的企业准则运动做出了重要贡献。2000 年，OECD 对这一准则进行了修订，将其重点放在了可持续发展上，并包含了国际劳工组织所有的核心劳工协议，其主要内容包括一般政策、信息公布、劳资关系、环境、打击行贿、消费者利益、科学技术、竞争、税收等。这表明新修订的准则更突出对企业在履行社会责任方面的指导。

续表

序号	社会责任报告标准	参考企业数量
2	GRI《 可持续发展指南》	20
3	《深圳证券交易所上市公司社会责任指引》	18
4	《上海证券交易所〈公司履行社会责任的报告〉编制指引》	14
5	《公司法》	13
6	《深圳证券交易所中小企业板上市公司规范运作指引》	11
7	国际标准化组织社会责任国际标准 ISO《ISO26000 社会责任指南（2010）》	11
8	《证券法》	9
9	《环境、社会及管治报告指引》	9
10	《关于中央企业履行社会责任的指导意见》	7
11	《上海证券交易所上市公司环境信息披露指引》	7
12	《深圳证券交易所主板上市公司规范运作指引》	6
13	上海证券交易所《关于加强上市公司社会责任承担工作暨发布〈上市公司环境信息披露指引〉的通知》	5
14	上海证券交易所《关于做好上市公司 2016 年年度报告工作的通知》	5
15	《中国工业企业及工业协会社会责任指南》	4
16	《社会责任报告编制指南》GB/T 36001—2015	3
17	《中小企业板信息披露业务备忘录第 2 号：定期报告披露相关事项》	3

注：本表根据 2017 年中国制造企业上市公司发布的社会责任报告中提及的“报告编制依据”统计而成

据 ISO 官方描述：“ISO26000 标准是一个社会责任指导性标准，与 ISO9000 标准和 ISO14000 标准不同，ISO26000 标准不是管理体系，也不用于第三方认证；可适用于包括政府、企业和社会组织在内的所有组织；强调任何组织都应加强与利益相关者的沟通，以全面履行社会责任"①。ISO26000 是国际标准化组织发布的一份社会责任指南国际标准，中国是参与标准制定的成员国之一。这个标准第一次在全球统一了社会责任定义，明确了社会责任的原则和核心主题，从而将几乎所有国家的所有私立、公立和非营利部门的组织纳入社会责任体系当中。ISO26000 标准共有七大项：组织治理、人权、劳工实践、环境、公平运营实践、消费者、社区参与和发展，七大项下设有 37 个核心议题和 217 个细化指标。ISO26000 国际标准侧重于各种组织生产实践活动中的社会责任问题，主要从社会责任范围、理解社会责任、社会责任原则、承认社会责任与利益相关者参与、社会责任核心主题指南、社会责任融入组织指南等方面描述，统一社会各界对社会责任的认识，为组织履行社会责任提供一个可参考的指南性标准，提供一个将社会责任融入组织实践的指导原则。

GRI《可持续发展报告指南》是指由全球报告倡议组织推出的用于指导全球以企业为主的组织机构编制和发布可持续发展报告的指引性标准。GRI 成立于 1997 年，由"对环境负责经济体联盟"协同联合国环境规划署发起召集，建立的宗旨在于完善可持续发展报告的实务，使之能与财务报告的水平相媲美，同时实现报告所披露信息的可比性、可靠性、严格性、时效性和可核实性。GRI 所着眼的可持续发展报告，是从经济、环境和社会三个角度出发，报告企业的业绩，这种报告是一种外部报告，旨在向利益相关团体披露企业用以管理和改善经济、环境和社会业绩的行动、这些行动的结果、以及未来的

① Whitehouse L. Corporate social responsibility: Views from the frontline [J]. Journal of Business Ethics, 2006, 63 (3): 279-296.

改进策略。相对于财务报告而言，可持续发展报告面向较广泛的使用者，包括所有的利益相关团体，即除了投资者和债权人外，亦包括员工、供货商、消费者、社区、环保组织等。

ISO26000 与 GRI 两者所涵盖的社会责任主题很相近，都强调一些重要的原则，包括透明度、与利益相关者的沟通、生命周期及对整个生产链的重要性，等等。两者的区别在于：(1) 针对对象不同。ISO26000 偏向协助组织里面的人了解如何去做管理，GRI 偏向让组织内外的人了解如何沟通以及评估组织的绩效。此外，两者重要的差别在于内外部利益相关者的使用方式不同。(2) 作用不同。ISO26000 以及一些其他的标准，为第三方判断企业是否较好地履行了社会责任提供了依据，被验证过的企业不会因此获评为不同等级。而 GRI 则比较偏向于会计界应用，并适用会计准则，能让组织内外利益相关者从中获得最重要的信息以自行分析组织的绩效[①]。ISO26000 在应用中是自愿性社会责任的国际标准，是有效地引导企业或组织将其运营活动与社会责任紧密联系并付诸实践的一套措施与建议，该体系不是一套标准化管理体系，也不用于任何认证、法律、法规或合同。ISO26000 并不提供具体指标的指南，也不提供按年度或与其他可比较机构比较绩效的框架[②]。相反，GRI 系列标准提供了经济、社会和环境方面的具体指标。为了帮助不同行业的企业进行可持续报告的发布，GRI 还制定了相应的行业补充指南，目前的行为指南主要涉及机场运作、食品加工、建筑和房地产、媒体、电力设备、采矿

---

① 钟德明 . ISO26000 与 GRI 框架的关系解读［J］. WTO 经济导刊，2011 (3)：74 -74.

② 同上。

冶金、行为组织、非政府组织、金融服务、石油与天然气十个行业①。(3) 具体内容的细微区别。GRI 包括两大部分：一般标准披露项和具体标准披露项。一般标准披露项分为七个部分：战略和分析、机构概况、确定的实质性方面和边界、利益相关方参与、报告概况、治理、商业伦理与诚信。具体标准披露项分为三大类别即经济、环境和社会，其中社会类别继续分为四个子类别：劳工实践与体面工作、人权、社会和产品责任。具体标准披露项中还包括管理方法披露（Disclosures on Management Approach，DMA），企业可利用 DMA 说明自身如何管理与经济、环境和社会有实质性影响的企业行为②。ISO26000 下设 7 个原则和 7 个核心主题，覆盖了所有组织社会责任的全部领域。7 种原则是：问责、透明、道德行为、尊重利益相关方的利益、尊重法治、尊重国际行为规范、尊重人权；7 个核心主题分别是组织治理、人权、劳工实践、环境、公平营运实践、消费者议题、社区参与和发展（见表 2 - 2）。

表 2 - 2　ISO26000 与 GRI 的内外部社会责任比较

	ISO26000	GRI
组织治理	以社会责任原则纳入决策，包括担责、透明度、道德行为、尊重利益相关方利益、尊重法治、尊重国际行为规范、尊重人权	GRI 也遵循这些原则，但不作为评价指标

① 谢煜，温作民．国内外企业社会责任报告标准及其应用的比较研究[J]．生态经济（中文版），2015，31（12）：79 - 83.

② Global Reporting Initiative. An introduction to G4：The nextgeneration of sustainability reporting [EB/OL]．(2013 - 05 - 01) [2014 - 09 - 17]．https：//www. globalreporting. org/reporting/g4/Pages/Introduction - to - G4 - brochure. aspx.

续表

	ISO26000	GRI
劳工	（平等）就业与雇佣、工作条件与社会保护、社会对话、工作中的健康与安全、工作场所中人的发展与培训	包含雇佣、劳动/管理关系、职业健康与安全、培训和教育、多样化与机会均等、男女同工同酬、供应商劳工实践评估、劳工实践投诉机制 8 个方面的 16 个指标 员工参与：员工向最高治理机构提出指导或建议的机制。员工代表组织（如机构层面的“工作委员会”）的工作关系，以及员工在最高治理机构中的代表情况，通知员工并征求他们的意见
人权	人权审查、人权风险状况、避免同谋、处理申诉、歧视与弱势群体、公民权利与政治制度、经济社会文化权利、工作中的基本原则与权利［包括结社与集体谈判的自由、（不得）强迫劳动、机会平等与非歧视、（不得使用）童工劳动］	人权问题包括投资及采购措施（针对价值链中人权问题）、非歧视、性别平等、结社自由、集体谈判、童工、强迫与强制劳动、原住民权利、人权评估、人权申诉 10 个方面的 11 项指标。 所有人权指标同样针对供应链
环境	防止污染、资源可持续利用、减缓并适应	包含材料、能源、水、生物多样性、排放、废水和废物、产品和服务、承诺
	气候变化、环境保护与生物多样性及自然栖息地恢复	运输、总述、供应商环境评估、环境投诉机制 12 个方面的 34 个指标
经济责任	/	包含经济绩效、市场表现、间接经济影响、采购实践 4 个方面的 9 个指标

续表

	ISO26000	GRI
消费者责任	公平营销和真实公正的信息及公平的合同实践、保护消费者健康与安全、可持续消费、消费者服务支持及投诉和争议处理、消费者信息保护与隐私、（消费者）基本服务获取（权）、（消费者）教育与意识（促使消费者获得充分信息理性决策）	包含消费者健康与安全、产品和服务标示、营销传播、消费者隐私、合作 5 个方面的 9 个指标
社区等	公平运行实际：反腐败、负责任的政治参与、公平竞争、在价值链中促进社会责任、尊重产权（包括知识产权） 社区参与与发展：社区参与、（参与）社区教育与文化、（促进社区）就业创造与技能开发、（帮助）社区技术开发与获取、（促进社区）财富与收入创造、（促进社区）健康、（提高社区社会生活质量的）社会投资	包含社区、反腐败、公共政策、反竞争行为、合作、供应商社会影响评估、社会影响投诉机制 7 个方面的 11 个指标

ISO26000 与 GRI 两者关于企业社会责任的条款，涵盖的主要内容相同。从表 2－2 可知，二者都强调对劳工的社会责任，所涉内容包括劳工实践与人权事务，不但要求企业履行国际劳工组织制度的相关劳工保护法则，而且要求在工作场所实

行社会对话和员工参与；而且两个社会责任标准都强调企业应该承担对供应链的劳工和人权事项的审查和检测。对外部利益相关者，两个标准都强调消费者、环境、社区及公共政策。此外，两个标准都从企业治理结构方面提出要求，促使企业进行社会责任管理。

二、企业社会责任国内标准中的内外部责任

我国企业社会责任报告参考标准最多的是：《社会责任指南》（GB/T 36000）、《深圳证券交易所上市公司社会责任指引》《上海证券交易所〈公司履行社会责任的报告〉编制指引》《公司法》《深圳证券交易所中小企业板上市公司规范运作指引》（参见表2-1）。下面就几个主要的社会责任标准进行分析。

（一）GB/T 36000-2015《社会责任指南》

GB/T 36000-2015《社会责任指南》国家标准作为推荐性国家标准由国家质量监督检验检疫总局和国家标准化管理委员会于2015年6月2日正式发布，并于2016年1月1日开始实施。为了与国际接轨，标准起草组修改采用ISO 26000：2010《社会责任指南》国际标准，并按照GB/T 1.1-2009《标准化工作导则第1部分：标准的结构和编写》的要求制定该项国家标准①。标准给出了以下7项核心主题：组织治理、人权、劳工实践、环境、公平运行实践、消费者、社区参与和发

① 于帆，陈元桥．GB/T36000-2015《社会责任指南》国家标准解读[J]．标准科学，2015（10）：6-10.

展。这 7 项核心主题下，又包含了 31 项议题，如表 2－3 所示。

表 2－3　GB/T 36000－2015《社会责任指南》核心主题和议题

核心主题	议题
组织治理	议题：决策程序和结构
人权	议题 1：公民和政治权利
	议题 2：经济、社会和文化权利人权
	议题 3：工作中的基本原则和权利
劳工实践	议题 1：就业和劳动关系
	议题 2：工作条件和社会保护
	议题 3：民主管理和集体协商
	议题 4：职业健康安全
	议题 5：工作场所中人的发展与培训
环境	议题 1：污染预防
	议题 2：资源可持续利用
	议题 3：减缓并适应气候变化环境
	议题 4：环境保护、生物多样性和自然栖息地恢复
公平运行实践	议题 1：反腐败
	议题 2：公平竞争
	议题 3：在价值链中促进社会责任
	议题 4：尊重产权
消费者问题	议题 1：公平营销、真实公正的信息和公平的合同实践
	议题 2：保护消费者健康与安全
	议题 3：可持续消费
	议题 4：消费者服务、支持和投诉及争议处理问题
	议题 5：消费者信息保护与隐私
	议题 6：基本服务获取
	议题 7：教育和意识

续表

核心主题	议题
社区参与和发展	议题 1：社区参与
	议题 2：教育和文化
	议题 3：就业创造和技能开发
	议题 4：技术开发和获取
	议题 5：财富和收入创造
	议题 6：健康
	议题 7：社会投资

可以发现，GB/T 36000－2015《社会责任指南》与ISO26000所涵盖的社会责任主题很相近，都强调一些重要的原则，包括透明度、与利益相关者的沟通、生命周期及对整个生产链的重要性，等等。两者的区别在于：第一，GB/T 36000－2015《社会责任指南》和ISO26000都是对“对社会负责任的组织行为的期望”，但ISO26000将政府排除在组织之外，而GB/T 36000－2015《社会责任指南》并没有这么规定。第二，根据中国法律对ISO26000关于人权的内容进行修改，将ISO26000中“人权”主题下的8个议题缩减为3个议题；将“集体谈判”改为“集体协商”；将“自由结社”置换为“员工依法参加和组织工会的权利”；将“社会对话”议题修改为“民主管理和集体协商”。

（二）深圳上海证券交易所上市公司社会责任指南

2006年9月，为倡导上市公司积极承担社会责任，推进经济社会可持续发展，深圳证券交易所根据有关法律、法规、规章并借鉴国际市场经验，制定公布了《深圳证券交易所上市公司社会责任指引》，共8章38条。在股东和债券人权益保护，职工权益保护，供应商、客户和消费者权益保护，环境保护与可持续发展，公共关系和社会公益事业，制度建设与信息披露等方面提出了对上市公司履行社会责任的要求。深圳证券交易所属于受政府委托行使一定管理职能的社会机构，因此该《社会责任指引》是介于官方和民间之间的一个标准，虽然以提倡上市公司自愿适用为主，但仍可以通过对上市公司证券活动的监管来达到一种间接的约束，譬如该《指引》要求深交所的上市公司发布社会责任报告就逐渐成为一项如同发布财务报告的一个硬性要求。

2008年，上海证券交易所《公司履行社会责任的报告》编制指引，倡导各上市积极承担社会责任，落实可持续发展及科学发展观，促进公司在关注自身及全体股东经济利益的同时，充分关注包括公司员工、债权人、客户、消费者及社区在内的利益相关者的共同利益，促进社会经济的可持续发展。上海证券交易所要求上市公司在编制社会责任报告时，应至少关注以下问题：①公司在促进社会可持续发展方面的工作，如对员工健康及安全的保护、对所在社区的保护及支持、对产品质量的把关等；②公司在促进环境及生态可持续发展方面的工作，如如何防止并减少污染、如何保护水资源及能源、如何保证所在区域的适合居住性，以及如何保护并提高所在区域的生物多样性等；③公司在促进经济可持续发展方面的工作，如如何通过其产品及服务为客户创造价值、如何为员工创造更好的工作机会及未来发展、如何为其股东带来更高的经济回报等。

表 2－4　深交所和上交所上市公司社会责任指引比较

		外部社会责任	内部社会责任
深交所指引	股东和债权人	完善公司治理结构确保股东权益；确保股东参会投票权；充分信息披露；确保分红和财务稳健	遵守劳动法，保护职工合法权益建立相应用人制度；女职工实行特殊劳动保护；不得强迫劳动和虐待职工；健全劳动安全卫生制度；按劳分配，同工同酬；不拖欠工资不降低职工报酬；不得干涉职工信仰自由，不得有民族种族性别年龄等歧视；建立职业培训制度；建立职工董事监事，工会职代会听取职工意见
	供应商客户消费者	诚实守信，不得虚假广告，不得侵犯供应商和客户知识产权；保证商品或服务的安全性；发现有安全性问题，应采取防止危害发生的措施；敦促供应商和客户遵守商业道德和社会公德；严控商业贿赂；保护供应商客户消费者信息；提供良好售后服务	
	环保	根据其对环境的影响程度制定公司环境保护政策；采用资源利用率高、污染物排放量少的设备和工艺；治理排污；公司派专人定期检查环保政策的实施	
	社区公益	经营活动考虑社区利益；积极参加社区公益活动；接受政府部门和监管机关的监督和检查，关注社会公众及新闻媒体对公司的评论	

续表

		外部社会责任	内部社会责任
上交所指引	股东	为其股东带来更高的经济回报	对员工健康及安全的保护；为员工创造更好的工作机会及未来发展
	客户	通过其产品及服务为客户创造价值，对产品质量把关	
	环保	防止并减少污染、如何保护水资源及能源、保证所在区域适合居住，保护并提高所在区域的生物多样性等	
	社区	对所在社区的保护及支持	

深圳证券交易所和上海证券交易所对上市公司的社会责任指引，都全面概述了内外部企业社会责任内容；对企业利益相关者的关注相同。二者对内部企业社会责任的指引都反映了中国劳动关系的特征，主要关注员工个体法律权益的保护、经济权益的保护，深交所虽然也提出了工会和职代会、职工董事监事等民主参与的要求，但都没有对我国法律要求的集体协商等职工集体权益提出指引。在外部企业社会责任方面，比较注重企业的经营责任（包括股东、消费者等）和环保责任，引导上市公司做良好企业公民，如表 2－4 所示。

第三章

企业劳动关系与外部企业社会责任关系实证研究

——基于社会责任报告的分析

通过第一章的文献评述我们发现，企业劳动关系作为内部责任的重要内容与外部责任之间的关系，到底是支持平衡协同假说还是支持冲突对立假说，理论界众说纷纭。同时企业履行社会责任是否能同时兼顾不同利益相关者的竞争性需求，尚存在诸多争议。本章的目的在于通过上市企业自身披露的社会责任报告和年报作为分析对象，从不同角度探讨企业在履行社会责任的过程中究竟是更重视“面子”还是更重视“里子”。

因此本章的结构安排如下：第一节以企业社会责任报告披露的非财务信息为对象，构建分析框架，对报告进行内容分析；第二节对企业社会责任报告的样本分布情况、频次频率进行了统计，探究企业劳动关系与外部社会责任的关系。

第一节　制造业上市公司社会责任报告的内容分析

由于中国企业社会责任报告多披露定性的非财务信息，内容分析是研究非财务公开信息的典型方法①，因此学者们多采用

① 彭雪蓉，魏江，李亚男．我国酒店业企业社会责任实践研究——对酒店集团 15 强 CSR 公开信息的内容分析[J]. 旅游学刊，2013，28（3）：52－61.

内容分析方法进行该领域研究[①][②][③]。本章也参照上述研究的方法，采用内容分析法来分析社会责任报告。

一、样本来源及分布

本章选取制造业上市公司 2016 年的社会责任报告作为分析样本。从行业来看，各个行业要承担的企业社会责任的范围及侧重点会有所不同，对不同行业的社会责任表现使用相同的评价标准不科学，为了控制行业的差异性特征对企业社会责任履行表现的影响，本章将观察对象仅限定在单一行业，并选取对企业社会责任要求最突出，也最受瞩目的装备制造业上市公司作为样本来源。另外，沈洪涛和金婷婷（2006）的研究指出上海证券交易所的上市公司社会责任披露状况优于深圳证券交易所的上市公司[④]，所以选取上海证券交易所网站上披露的所有装备制造业（按中国证监会的行业门类划分）上市公司。对于样本选取的时间范围，考虑到部分企业还未披露 2017 年社会责任报告，且有些样本企业的社会责任报告无法获得，因此本章以最近 2016 年度企业社会责任报告（只包含了以社会

---

① Ali W, Frynas J G, Mahmood Z. Determinants of corporate social responsibility (CSR) disclosure in developed and developing countries: a literature review [J]. Corporate Social Responsibility and Environmental Management, 2017, 24 (4): 273 - 294.

② Platonova E, Asutay M, Dixon R, et al. The impact of corporate social responsibility disclosure on financial performance: Evidence from the GCC Islamic banking sector [J]. Journal of Business Ethics, 2018, 151 (2): 451 - 471.

③ Liao P C, Xia N N, Wu C L, et al. Communicating the corporate social responsibility (CSR) of international contractors: Content analysis of CSR reporting [J]. Journal of Cleaner Production, 2017 (156): 327 - 336.

④ 沈洪涛，金婷婷．我国上市公司社会责任信息披露的现状分析[J]．审计与经济研究，2006 (3): 84 - 87.

责任报告命名的报告）作为分析样本，披露时间截至 2016 年 12 月 31 日，共计 98 家具有代表性的企业。

二、构建分析框架

构建分析框架是内容分析法的核心，其主要任务是选定分析单元和设立分析条目[①]，本章的主要问题是探索上市企业社会责任的一般性规律，因此本研究的分析单元为内外部社会责任内容，分析条目是内外部责任履行情况的具体指标。

根据利益相关者理论，并结合我国《上市公司治理准则》中第 81 条“上市公司应该尊重银行及其他债权人、职工、消费者、供应商、社区等利益相关者的合法权利”和第 86 条“上市公司在保持公司持续发展、实现股东利益最大化的同时，应关注所在社区的福利、环境保护、公益事业等问题，重视公司的社会责任”的内容，可以推断公司需要履行对股东、员工、债权人、供应商、社区、政府、媒体、消费者（客户）八大利益相关者的责任。与此相对应的社会责任活动包括员工责任、政府责任、产品责任、商业伙伴责任、环境保护、社区可持续发展、慈善捐赠等。表 3 - 1 展示了以多维度框架为依据的全面企业社会责任指标，据此利益相关者可以判断企业是否为负责任企业。

---

① 宋振峰，宋惠兰．基于内容分析法的特性分析[J]．情报科学，2012，30(7)：964 - 966 + 984.

表 3－1　原始编码及解释范例

一级编码	编号	二级编码	关键词	指标解释范例
股东与投资人	1	信息披露	沟通、披露、投资者、股东、股东大会	“与股东或投资人积极沟通”“进行信息披露”“定期或不定期召开股东大会”
	2	投资回报	股利、分红、投资者、回报、利润、分配	“给予股东股利分红”“对投资人进行回报”
员工	3	员工薪酬福利	薪酬、福利、保险	“提高员工收入”“足额支付员工薪酬”“足额缴纳社会保险”“改善员工福利待遇”等
	4	员工职业安全与健康	员工安全、安全生产、用品、体检	“加强员工安全防护”“安全生产和检查”“配备劳动保护用品”“进行员工安全培训”“定期体检”
	5	平等雇佣	平等、就业、歧视、劳动者	“给予劳动者平等就业的机会”“避免歧视”
	6	改善工作环境	工作环境、环境、设备、配备	“打造良好工作环境”“建造员工活动室”“配备办公设备”
	7	依法签订和履行劳动合同	劳动合同	“与劳动者依法签订劳动合同”“认真履行劳动合同”

续表

一级编码	编号	二级编码	关键词	指标解释范例
员工	8	员工职业培训与发展	员工培训、培训、发展	“制定培训计划”“开展培训课程”“组织员工培训”“提高员工技能”“促进员工发展”等
	9	救助困难员工	慰问困难员工	“慰问困难员工”“捐助困难员工”
客户或消费者	10	产品安全与质量	产品质量、产品安全、产品、质量、安全	“保证产品的安全和质量”“提供高品质产品”
	11	产品创新	创新、专利	“对产品进行创新升级”“制造技术创新”“持续开发新产品”
	12	咨询与售后服务	售后、客户沟通、客户、咨询、满意度、消费者满意度	“加强客户沟通”“听取客户意见”“做好咨询和售后服务”“提升客户或消费者的满意度”等
商业伙伴	13	公开、公平、公正严格履约	公平、公正、公开、竞争环境、商业道德、诚信、经营、供应商	“严格履行与供应商、经销商等的合同义务”“恪守商业道德等”
	14	加强沟通交流	沟通、交流、经销商、供应商	“加强与供应商、经销商等的沟通和交流”
	15	共赢	共赢、双赢、合作	“与商业伙伴实现共赢”

续表

一级编码	编号	二级编码	关键词	指标解释范例
社区	16	支援社区建设	社区	“完善社区基础设施”“支援社区建设”“带动当地经济发展”
	17	参与社区活动	社区、活动	“参与社区举办的各种活动”
	18	鼓励员工的志愿者活动	志愿者	“鼓励支持员工开展志愿者活动”
政府	19	正当经营依法纳税	依法经营、依法纳税、税、经营、合法、合规	“依法经营”“依法纳税”
	20	主动接受监督	监督、监管机构	“主动接受监管机构的监督”
	21	配合检查	配合、监管	“配合监管机构的检查”
社会	22	增加就业	就业、残疾人就业、残疾人、岗位	“提供就业岗位”“增加就业人员”“帮助残疾人就业”等
	23	社会公益	公益、献血、助学	除现金或产品捐赠外的各种公益活动，如“义务献血”“开展助学活动”
	24	现金与产品捐赠	产品捐赠、捐赠、捐款	“捐款”“捐赠产品”

续表

一级编码	编号	二级编码	关键词	指标解释范例
媒体	25	对媒体信息公开	媒体、信息、披露	“对媒体公开信息”
	26	重视媒体监督	媒体、监督、评价	“重视媒体监督作用，关注媒体对企业的评价”
非政府组织	27	支持与积极参与	非政府、组织、工会	“支持并积极参与非政府组织活动”
	28	加强合作	非政府、组织、合作	“加强与非政府组织的合作”
环境	29	节约资源	节约、节水、节电、节能、能源效率	“节能”“节水”“节电”“提高能源利用率”
	30	循环利用	回收、循环、利用	“对废旧原料、废水等进行回收利用”“循环利用能源”
	31	污染控制	污染、废水、废气、排放	“减少有毒有害原材料使用” “减少废水、废气排放”
	32	环境恢复	恢复、环境、美化、优化	“对环境进行恢复工作”“美化环境”
	33	其他环境问题	环境	“其他未能涵盖环境问题”
银行和债权人	34	考虑银行和债权人	银行、债权人、权益	“保护银行、债权人等的权益”

首先需要明确的是本章的研究目的在于探讨企业劳动关系与外部企业社会责任的关系到底是相互平衡还是相互冲突，并非探讨企业如何履行所有责任，因此本章并不探讨所有的社会责任活动。由于社区特征（涉及的二级条目为支援社区建设，推动当地经济发展，参与社区活动，鼓励员工的志愿者活动）并非所有企业的共性特征，因此本文将其剔除。外部社会责任主要指社会公益、慈善捐赠、环境保护、消费者或客户、商业伙伴、政府，也是目前中国企业履行外部责任通常采用的形式①。

对于内部企业责任（主要指员工责任），企业社会责任报告中涉及与员工有关的责任披露，主要分布在员工权益保护部分，该部分内容又可细分为保护员工的合法权益、为员工提供完善的社会保障和福利、注重员工安全与保护、为员工职业发展提供广阔空间、员工培训、带薪休假、员工参与管理等内容。该部分内容充分显示出企业对员工安全和健康的重视，注重员工福利、员工培训与员工职业发展等员工权益方面的问题。为了去除在确定变量时的主观因素，本文将基本参照SA8000第三方认证的通用的社会责任国际标准框架的规定的九项内容（童工、强迫性劳动、健康与安全、结社自由及集体谈判权利、歧视、奖惩性措施、工作时间、报酬、认证管理规定）并结合我国员工责任履行的实际情况，进行如下的适当调整：（1）剔除样本企业较少提及的“童工”“强迫劳动”，以及“工作时间”这3个项目；（2）剔除在报告中不具有普

---

① Institutional dynamics and corporate social responsibility（CSR）in an emerging country context：Evidence from China［J］. Journal of business ethics，2012，111（2）：301－306.

遍性的结社自由及集体谈判权利这一内容；（3）将中国特色的员工关怀及困难职工慰问放入企业责任范围之内；（4）将社会公益中的增加就业项目纳入内部社会责任中。最终形成了包括员工薪酬福利、员工职业安全与健康、平等雇佣、改善工作环境、依法签订和履行劳动合同、员工职业培训与发展、员工沟通关怀（提升员工满意度）和救助困难员工在内的员工责任评价指标体系。我们对每一类指标都给出了详细的解释范例。比如，“员工薪酬”不仅仅指足额支付员工薪酬和提高员工收入，还包括足额缴纳社会保险，改善员工福利待遇等内容；“员工沟通关怀”可能包括“加强与员工的沟通”“广泛采纳员工意见建议”“开展各种文化娱乐活动”“提高员工的满意度”等；“社会公益”指除现金或产品捐赠外的各种公益活动，如义务献血、开展助学活动等。最终具体分类情况如表 3－2 所示。

表 3－2　内容分析编码

	一级编码	编号	二级指标	关键词	指标解释范例
内部企业社会责任	和谐劳动关系	1	员工薪酬福利	薪酬、福利、保险	“2016 年在岗员工收入增长 10.1%，核心人才队伍相对稳定，年流失率一直控制在 2%以内。”
		2	员工职业安全与健康	员工安全、安全生产、用品、体检	“加强员工安全防护”“安全生产和检查”“配备劳动保护用品”“进行员工安全培训”“定期体检”等

续表

	一级编码	编号	二级指标	关键词	指标解释范例
内部企业社会责任	和谐劳动关系	3	平等雇佣	平等、就业、歧视、劳动者	“给予劳动者平等就业的机会”“避免歧视”
		4	改善工作环境	工作环境、环境、设备、配备	“打造良好工作环境”“建造员工活动室”“配备办公设备”
		5	依法签订和履行劳动合同	劳动合同	“公司严格遵守《劳动法》《劳动合同法》等法律法规，从劳动用工、民主管理等各个方面切实维护员工合法权益。公司建立了较为完善的用工管理制度，与全体员工签订并严格履行劳动合同，社会保险缴纳率 100%。”
		6	员工职业培训与发展	员工培训、培训、发展	“公司围绕‘管理人才、专业技术人才、技能人才队伍’建设，2016 年度公司及所属企业共组织岗位培训 145820 人次，技能等级培训 5655 人次，继续教育 14067 人次，海外培训 483 人次。”

续表

一级编码	编号	二级指标	关键词	指标解释范例
	7	员工沟通关怀	员工沟通、员工意见、员工建议、沟通、意见、建议、员工、活动、满意度	“近年来，分别召集了16次企业主要领导与员工代表‘交流沟通会’，围绕‘企业发展、员工利益、安全生产’以及‘国际化战略、降本增效、技能升级、员工稳定、作业班次、薪酬分配、后勤服务’等方面的28个热点问题，共计121个议题进行交流沟通。会后，收集到各类意见、建议98项，回复率达91.4%，达到了通过双向沟通形成合力的目的”
	8	救助困难员工	困难、困难员工、困、员工、慰问	“每年春节前都会组织力量向困难职工家庭开展慰问送温暖活动，对于遭遇突发事故、家庭成员疾病致困、困难职工子女就学等情况，公司在了解情况后，均给予大力支持和捐助，帮助解决生活困难，以实际行动关爱员工。”

续表

	一级编码	编号	二级指标	关键词	指标解释范例
内部企业社会责任	和谐劳动关系	9	增加就业	就业、残疾人就业、残疾人、岗位	“一是关注人才发展，推进社会就业。公司坚持每年引进各类优秀大中专及技校毕业生，缓解了社会就业压力；二是企业发展的集群效应带动了周边产业和服务行业的发展，创造了大量就业机会。”
外部企业社会责任	社会公益	10	公益	公益、献血、助学	“公司与社会各界保持密切合作，积极承担社会责任，参与‘扶贫开发’‘资助下岗职工再就业’等社会公益事业，开展‘学雷锋便民活动’，通过政府部门、行业组织，积极向社会、社区捐款”
	慈善责任	11	现金与产品捐赠	产品捐赠、捐赠、捐款	“2016 年公司继续以该制度为准绳，为促进社会公益事业发展，报告期内公司累计对外捐赠近 300 万元。近年来，公司已累计对外捐赠超过 1300 万元，用实际行动诠释了企业公民的社会责任。”

续表

	一级编码	编号	二级指标	关键词	指标解释范例
外部企业社会责任	环境责任	12	节约资源	节约、节水、节电、节能、能源效率、资源	"2016 年度公司通过节能管理和节能技术改造，实现生产空调单台能耗下降 2.19%，节约标准煤 825 吨，减少二氧化碳排放 1409.92 吨"
	环境责任	13	回收利用废旧原料（循环利用）	回收、循环、利用	"公司通过铜连铸连轧和轧铝机组进行二次回收加工提纯利用，拉制铜杆和铝杆，年降成本过千万元。充分利用和减少污染，危废品类回收处理、处置率 100%，实现了资源再利用和循环经济的发展。"
		14	污染控制	污染、废水、废气、排放	"公司的生产、生活废水全部纳入了专门的排污管道系统，环保污染物排放达标，公司对固体废弃物分类、收集、保管、转移达到规范要求，各类废弃物均委托有资质的回收公司进行处置，签订回收和处置协议"

续表

	一级编码	编号	二级指标	关键词	指标解释范例
外部企业社会责任		15	环境恢复	恢复、环境、美化、优化	“公司将废水经过处理后尽可能地进行二次利用，实施绿化灌溉等，降低污染的同时美化环境。”
	产品责任	16	产品安全与质量	产品质量、产品安全、产品、质量、安全	“保证产品的安全和质量”“提供高品质产品”
		17	产品创新	创新、专利	“对产品进行创新升级”，“制造技术创新”“持续开发新产品”
		18	咨询与售后服务	售后、客户沟通、客户、咨询、满意度、消费者满意度	“加强客户沟通”“听取客户意见”“做好咨询和售后服务”“提升客户或消费者的满意度”等
	商业伙伴责任	19	公开、公平、公正严格履约	公平、公正、公开、竞争环境、平台、商业道德、商业、诚信、经营、供应商	“严格履行与供应商、经销商等的合同义务”“恪守商业道德等”
		20	加强沟通交流	沟通、交流、经销商、供应商	“加强与供应商、经销商等的沟通和交流”

续表

	一级编码	编号	二级指标	关键词	指标解释范例
		21	银行、债权人权益	银行、债权人、权益	“考虑银行和债权人”
	政府责任	22	正当经营依法纳税	依法经营、依法纳税、税、经营、合法、合规	“依法经营”“依法纳税”
		23	主动接受监督	监督、监管机构	“主动接受监管机构的监督”
		24	配合检查	配合、监管	“配合监管机构的检查”

为了符合内容分析的规范要求，我们挑选 1 名硕士生和 1 名博士分别担任编码员，编码之前，对编码员阐述分析单元及各类目的内涵以及编码规则和流程等，在确认编码员对上述内容理解无误后，2 位编码员分别开始独立编码。具体的步骤如下：首先概览 20 份责任报告内容，按表 3－1 中的原始指标分析，按照初始指标归纳具有相近术语和内涵的企业社会责任活动信息，对那些不能归入初始指标中的社会责任信息，为它们建立新指标。我们在建立新指标时共同依据这样一个原则，即必须保证新建立的指标区别于已有的指标。对表意不清的初始指标做出相应修改，剔除相应情境中完全未被提及的指标，在此过程中做好备忘录。两位编码员分别完成各自的归类后，我们比照了各自的归类和新建指标，对存在的差异进行了多轮讨论和反复修改。最后，对所有分类的定义和规范达成了一致意

见，确定了企业社会责任所包含的指标分类，并最终指标分类如表 3－2 所示。

为了保证分类研究的准确性和清晰度，笔者又邀请了研究企业社会责任的一位教授和一位博士生对我们指定的大类与小类指标，以及所属各小类指标之间进行了字意上的鉴别。两位学者在“各小类指标是否能作为该大类指标的社会责任行为表述”和“各小类指标之间的区分性”两个方面进行了检查，并提出了参考建议。我们采纳了有价值的建议，对各小类指标进行了相应的调整。

三、编码和指标打分

从分析对象来说，以往学者们多采用字数、句数或者页数计算频数来分析责任报告，这些频数的得出往往依赖于责任报告的篇幅长短，即报告越长，统计的频数越大。并且单纯频数大小并不能对社会责任报告的质量水平和内容完整性进行评价，也并不能表明企业在该责任维度上的表现状况。此外，由于关键词或者句子是否纳入频数计算容易受印象管理行为的影响，统计频数无法克服主观操作行为产生。因此为了克服上述方法的缺陷，本文参考汤亚莉等（2006）① 的做法，在应用内容分析法时并不计算关键词频数，取而代之的是通过浏览相关指标的内容详细程度为其分别赋值。

具体来说，本研究按照如下标准对和谐劳动关系和外部企业社会责任各个细分二级指标进行打分：如果企业的社会责任

① 汤亚莉，陈自力，刘星，李文红．我国上市公司环境信息披露状况及影响因素的实证研究[J]. 管理世界，2006（1）：158－159.

报告中出现小类相关词条的记 1 分，有词条出现且有对应的较为具体的描述性语言的记 1.5 分，有词条出现且有客观数据描述的记 2 分。我们对每个细分指标进行直接汇总，得到企业整体的社会责任履行情况分值。然后分别对各类指标赋予相同权重，并对所有数据直接汇总。这样既能从企业信息披露详略程度判断企业履行社会责任的侧重点，也能为利益相关者解读社会责任报告提供参考依据。

四、内容分析信度和效度

内容分析法中的信度是不同编码人员对编码内容进行处理后所得结果的一致性程度。一般来说，一致性程度越高，内容分析信度越高，信息处理的结果越准确客观。编码条目的信度分析结果如表 3 - 3 所示。在正式编码前，先对其中的 20 份样本进行预编码，结果显示在所有条目中信度的最低值为 0.811，符合信度分析要求。再次讨论后，正式编码的效度可以达到 0.876，表明本研究具有较高水平的信度。

表 3 - 3　编码条目信度结果

编码条目	编码条数	一致性条数	一致性比例
员工薪酬福利	102	85	83.33%
员工职业安全与健康	101	83	82.18%
平等雇佣	36	31	86.11%
改善工作环境	68	58	85.29%
依法签订和履行劳动合同	85	69	81.18%
员工职业培训与发展	101	84	83.17%
员工沟通关怀	81	66	81.48%
救助困难员工	68	61	89.71%

续表

编码条目	编码条数	一致性条数	一致性比例
增加就业	60	51	85.00%
公益	102	86	84.31%
现金与产品捐赠	90	79	87.78%
节约资源	104	92	88.46%
循环利用	75	65	86.67%
污染控制	96	84	87.50%
环境恢复	26	24	92.31%
产品安全与质量	101	92	91.09%
产品创新	92	83	90.22%
咨询与售后服务	87	83	95.40%
公开、公平、公正严格履约	85	80	94.12%
加强沟通交流	69	64	92.75%
银行、债权人权益	76	70	92.11%
正当经营依法纳税	74	65	87.84%
主动接受监督	44	41	93.18%
配合检查	46	41	89.13%
综合一致性	87.59%		

项目编码的效度是指我们选取的内容分析的项目与所要测量的信息质量水平的吻合程度。我们通过三个方面来保证编码的效度：一是根据已有的文献研究基础；二是根据专家意见和与专家的反复讨论；三是编码过程中的客观性①。为了保证内

① 宋献中，龚明晓. 社会责任信息的质量与决策价值评价——上市公司会计年报的内容分析[J]. 会计研究，2007（2）：37－43.

容分析的效度，本节进行了如下的工作：（1）内容分析的编码依据都来源于现有文献，并结合具体的责任报告情况进行细微调整；（2）编码的过程严格遵守编码程序，相关编码人员有编码经验，因此可以推断本节中的内容分析具有较高效度。

第二节　基于上市公司社会责任报告的内外部社会责任关系

一、不同责任报告内容主题下的样本企业分布情况

根据第一节的内容分析方法，将样本企业社会责任报告内容进行定量研究。

对于表 3－4，整体来说，绝大多数企业都会针对和谐劳动关系、社会公益、慈善捐赠、环境保护、消费者或客户、商业伙伴、政府的一个或某些方面提及公司履行责任情况。不同企业履行责任的详细细节则存在差异，主要有以下方面。

首先，从样本企业披露的环境责任信息来看，“节约资源”和“污染控制”是企业履行对外环境责任的两种主要形式。这一结果一方面依赖于本文选择的企业中大部分都与重工业相关；另一方面也源于近年来政府对资源节约和污染控制提出了严格要求。相比之下，大多数的企业并没有披露“环境恢复”方面的责任信息（约占 81.63%），仅有一家企业（中联重科）在其社会责任中提到“向厦门当地保洁公司回租了 6 台压缩式垃圾车和 13 台清洗车，迅速开展清除淤积物、移除倒塌树障等清理工作，确保路段、桥梁涵洞的正常通行，助力

表 3－4　二级编码下样本企业分布情况

	样本企业数量							
二级编码	没有提及	百分比	提及词条	百分比	粗略描述	百分比	客观具体数据描述	百分比
员工薪酬福利	4	4.08%	10	10.20%	56	57.14%	28	28.57%
员工职业安全与健康	5	5.10%	2	2.04%	38	38.78%	53	54.08%
平等雇佣	71	72.45%	7	7.14%	17	17.35%	3	3.06%
改善工作环境	38	38.78%	30	30.61%	27	27.55%	3	3.06%
依法签订和履行劳动合同	21	21.43%	16	16.33%	34	34.69%	27	27.55%
员工职业培训与发展	5	5.10%	2	2.04%	27	27.55%	64	65.31%
员工沟通关怀	25	25.51%	7	7.14%	45	45.92%	21	21.43%
救助困难员工	39	39.80%	12	12.24%	15	15.31%	32	32.65%
增加就业	47	47.80%	14	14.30%	19	19.39%	18	18.51%
公益	4	4.08%	10	10.20%	41	41.84%	43	43.88%
现金与产品捐赠	16	16.33%	4	4.08%	11	11.22%	67	68.37%
节约资源	2	2.04%	12	12.24%	40	40.82%	44	44.90%

续表

	样本企业数量							
二级编码	没有提及	百分比	提及词条	百分比	粗略描述	百分比	客观具体数据描述	百分比
循环利用	32	32.65%	20	20.41%	29	29.59%	17	17.35%
污染控制	10	10.20%	9	9.18%	36	36.73%	43	43.88%
环境恢复	80	81.63%	8	8.16%	9	9.18%	1	1.02%
产品安全与质量	5	5.10%	12	12.24%	62	63.27%	19	19.39%
产品创新	14	14.29%	11	11.22%	13	13.27%	60	61.22%
咨询与售后服务	19	19.39%	9	9.18%	42	42.86%	28	28.57%
公开、公平、公正严格履约	21	21.43%	20	20.41%	52	53.06%	5	5.10%
加强沟通交流	37	37.75%	14	14.29%	40	40.82%	7	7.14%
银行、债权人权益	30	30.61%	20	20.41%	30	30.61%	18	18.37%
正当经营依法纳税	32	32.65%	13	13.27%	13	13.27%	40	40.82%
主动接受监督	62	63.27%	15	15.31%	20	20.41%	1	1.02%
配合检查	60	61.22%	19	19.39%	19	19.39%	0	0.00%

厦门市容环境恢复”。综合以上企业社会责任关于环境问题的披露侧重点可以看出，不少企业对环境责任的履行主要集中于绿化植树、节能排污等狭义层面，而忽视了企业社会责任的核心在于促进社会福利这一视角。

其次，从表中可以看出，公益和慈善等方面被提及的次数更多，几乎占到报告总数的 100%。这一定程度上和国内关于社会责任的狭义理解相关①，不少企业将企业社会责任与捐赠数额等同，造成社会责任在中国呈现“捐赠”热潮。同时那些参与社会公益和慈善捐赠的企业十分乐意详细披露具体的捐赠数额。这种详细的信息描述在一定程度上增加企业信息透明度的同时，也强化了公益慈善作为塑造企业良好责任形象的工具效应。

在消费者或客户方面，各个公司对三个二级指标的内容都有所涉及。产品安全与质量花了很大的篇幅进行描述，随着我国对产品质量标准的严格监管，以及消费者对质量要求的提高，越来越多的企业更加重视这一方面的责任投入。在产品创新上，有 61.22% 的公司披露了企业产品创新的最新数据，说明越来越多的企业更加注重创新发展，响应国家提出的科技创新战略。对于售后服务方面，企业表现相对弱化，较多的企业只进行了粗略描述或简单提及。

在商业伙伴披露方面，大部分公司都对供应商责任进行了较多篇幅的披露，但一般都未涉及客观具体数据。有 21.43% 的企业没有提及公开、公平、公正严格履约，这些企业的契约

---

① 彭雪蓉，魏江，李亚男．我国酒店业企业社会责任实践研究——对酒店集团 15 强 CSR 公开信息的内容分析[J]. 旅游学刊，2013，28（3）：52－61.

精神还有待加强；而在沟通交流以及共赢方面，也有很多企业未披露相关内容，或仅涉及简要内容。这反映了企业与商业伙伴之间的关系建设还有很长的路要走。

在政府责任履行方面，67.35%企业对正当经营依法纳税都有很好的数据披露，但很少有企业会主动接受监督和配合检查。这反映了企业一般只对政府的强制性措施进行应对，未能意识到企业的自觉性也同样对企业发展产生重要影响。

最后，企业披露的和谐劳动关系方面的责任状况按照详细程度可以分为三个层次：（1）处于第一层次的企业披露详细具体且履行意愿强烈。几乎所有企业重视员工薪酬福利，比重高达97.5%，但超过一半的企业仅使用简略的语言描述（占样本总数的57.14%），这显示出企业认为薪酬管理是构建和谐劳动关系的重要措施。例如，大多数企业会在员工职业安全健康、员工职业培训与发展这两个方面投入更多行动，提及它们的企业占所有企业的比重都为94.9%，仅次于员工薪酬福利。其中不仅提及甚至披露具体数据的企业数量达54.08%和65.31%，表明这些企业高度重视员工职业发展，重视对人力资源的投入，从而可能增强员工对组织的归属感。这也是构建和谐劳动关系不可缺少的一部分。（2）处于第二层次的企业披露率处于中等水平且履行意愿较好。大约四分之一的企业都注重心理层面的人文关怀，从而提升员工满意度和忠诚度，这表明微观层面的心理因素在构建和谐劳动关系中的重要作用越来越得到企业重视。同时三分之二的企业会针对困难员工提供特别经济帮助或其他帮助，如山推股份通过设立“专项资金”对纳入公司三级帮扶体系的100余名困难职工进行帮扶救助。（3）处于第三层次的企业披露率处于较低水平且履行责任情况较差。这一特点主要集中于平等雇佣和员工志愿者活动两个方面。首先，对于员工关心的平等雇佣问题，70 家企业根本没有提及（约占样本总数的 43.8%）。同时没有披露员工志愿者行为的有 68 家（约占企业样本总数的 42.5%），接近一半。员工加入公司的志愿者活动在一定程度上表明员工的组织忠诚度[①]，更有利于构建和谐劳动关系。对这一重要维度披露的缺失反映了员工志愿者活动在中国并不普及，同时其能否作为构建企业－员工和谐劳动关系的有利途径仍值得商榷。

二、分析披露内容的句子和频率情况

进一步对内外部社会责任内容进行比较分析，如图 3－1 所示。

从图 3－1 中我们可以看出，从整体来看，企业社会责任披露的内容都呈现两级分化的情况：披露和谐劳动关系中 0 分比较多，外部社会责任信息中 2 分比较多。究其原因可能是，一方面企业在和谐劳动关系的构建方面并不如意，因此在披露中隐藏信息（不披露）；另一方面为了向外部利益相关者传递企业良好责任形象的信息，企业会通过客观具体的数据描述（2 分）来构建企业声誉。从这个角度来看，上述解释验证了企业更重面子而轻里子的事实。

三、和谐劳动关系与外部社会责任的信息质量评价

从整体来说，企业社会责任披露主要有数量化信息，企业

① Slack R E, Corlett S, Morris R. Exploring employee engagement with (corporate) social responsibility: A social exchange perspective on organisational participation [J]. Journal of Business Ethics, 2015, 127 (3): 537－548.

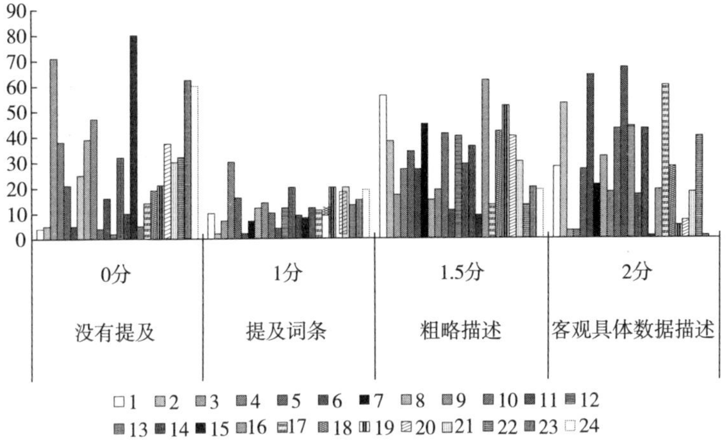

图 3－1　内外部社会责任在不同描述程度上的分布情况

注：图中下方的数字分别代表：1. 员工薪酬福利；2. 员工职业安全与健康；3. 平等雇佣；4. 改善工作环境；5. 依法签订和履行劳动合同；6. 员工职业培训与发展；7. 员工沟通关怀；8. 救助困难员工；9. 增加就业；10. 公益；11. 现金与产品捐赠；12. 节约资源；13. 循环利用；14. 污染控制；15. 环境恢复；16. 产品安全与质量；17. 产品创新；18. 咨询与售后服务；19. 公开、公平、公正严格履约；20. 加强沟通交流；21. 银行、债权人权益；22. 正当经营依法纳税；23. 主动接受监督；24. 配合检查.

获得的各种荣誉，其他定性信息①。由于内容分析主要是以社会责任的多维度特征为基本框架②，因此我们根据前文提到的打分标准对每一个二级指标打分，并统计一级指标分数。具体的计算公式为一级指标分数＝二级指标分数之和。例如，和谐劳动关系有 11 个子类，每个子类中若提供完整具体的数据描述，则打分为 2，因此和谐劳动关系这个一级指标的取值范围

---

①　张永均．企业社会责任信息披露形式及其市场反应综述［J］．财会研究，2013（3）：35－37.

②　宋献中，龚明晓．社会责任信息的质量与决策价值评价——上市公司会计年报的内容分析［J］．会计研究，2007（2）：37－43＋92.

为0－22。数值越大，披露的信息等级越高，表明企业在构建内部和谐劳动关系方面的行动和举措越全面；反之数值越小，披露的信息等级越低，则表明企业在构建内部和谐劳动关系方面表现欠佳。

进一步地讲，为了检验企业社会责任报告披露的内容是否具有一定的参考价值，我们将和谐劳动关系和外部社会责任按照分数段进行分组并比较不同分数段企业所占比重。样本企业在和谐劳动关系和外部社会责任方面披露的信息情况如表3－5所示。

表3－5　样本企业包含的信息量程度分布

类型	分数段	样本数	百分比	内容包含的信息量等级
和谐劳动关系	12.5－18	29	29.59%	高
	6.5－12	62	63.27%	中
	0－6	7	7.14%	低
社会公益	2	84	85.72%	高
	1－1.5	10	10.2%	中
	0	4	4.08%	低
慈善	2	78	79.59%	高
	1－1.5	4	4.08%	中
	0	16	16.33%	低
环境保护	6－8	16	16.33%	高
	3.5－5.5	62	63.27%	中
	0－3	20	20.40%	低

续表

类型	分数段	样本数	百分比	内容包含的信息量等级
消费者或客户	4.5 – 6	56	57.14%	高
	2.5 – 4	36	36.73%	中
	0 – 2	6	6.13%	低
商业伙伴	4.5 – 6	26	27.55%	高
	2.5 – 4	45	45.92%	中
	0 – 2	27	26.53%	低
政府	4.5 – 6	12	12.25%	高
	2.5 – 4	25	25.51%	中
	0 – 2	61	62.24%	低

从表3 –5可见，企业社会责任报告中关于和谐劳动关系的披露中给出的信息量较少，即超过一半的样本（占总样本的63.27%）企业都集中在中等水平，与之相反的是绝大多数企业对社会公益（占总样本的85.72%）和对慈善（占总样本的79.59%）的披露多。造成社会责任中关于和谐劳动关系披露的整体质量水平不高的原因可能是：第一，从外部制度来说，缺乏统一的披露社会责任信息的准则和监管。多数样本企业披露社会责任信息的目的既不是用于决策，也不是对社会压力的反映，仅仅是应对政府及证交所对上市公司必须披露社会责任报告的要求。另外，通过对采用国家生态环境部①网站相关条例、人力资源和社会保障部②网站上的法律法规进行汇总

① 中华人民共和国生态环境部. http://www.mee.gov.cn/.

② 中华人民共和国人力资源和社会保障部. http://www.mohrss.gov.cn/.

比较分析，我们发现，在公众最为关注的劳动权益问题中，样本企业并没有在报表中表现出足够的关注，这一结论与宋献中和龚明晓（2007）的研究发现相吻合①。在社会关注的问题中劳动者权益排在环境保护之前，而企业披露的问题中，慈善捐赠、环境保护、消费者或客户和商业伙伴则是比较靠前的。原因可能是一方面环境保护和慈善捐赠等具有很强的外部可见性，公众能直接提供有力监督，同时与企业有关的环保法律强度和受公众的监督程度逐年增加，而劳动权益保护相关法律强度则处于相对较弱的水平；另一方面根据前文提到的利益相关者显著性理论可知，虽然员工是组织最重要的无形资源，但囿于自身力量薄弱，它相较于其他利益相关者具有较弱的显著性，因而员工权益保护问题并没有得到多少重视。更重要的是，从宏观视角上来说，中国经济发展，发挥的是地方活力，斯坦福大学政治系教授戴慕珍提出了“地方政府公司主义”的概念②，地方政府几乎等于一个一般经济学意义中的盈利公司，其行为几乎和资本主义公司相同③④。地方政府的行为表现出鲜明的公司化特征，表现在以下方面：一方面，在经济发展的过程中，地方政府具有了公司的许多特征，官员们表现出类似董事会成员的行动；另一方面，地方经济的发展与政企关

---

① 宋献中，龚明晓．社会责任信息的质量与决策价值评价——上市公司会计年报的内容分析[J]．会计研究，2007（2）：37－43＋92.

② 人民网：“地方政府公司主义”与治理困境，http：//theory. people. com. cn/GB/49150/49152/4921097. html.

③ Oi J C. Rural China takes off：Institutional foundations of economic reform［M］. University of California Press，1999.

④ Walder，Andrew. Local govenments as industrial firm：An organizational analysis of China's transitional economy［J］，American J. of Sociology，1995，101（2）：263－301.

系有相当大的关联。这种公司化特征集中表现为地方政府以追求经济增长或者财政收入增长为行动动力。在某种意义上，GDP 就像公司化政府的营业额。我国之所以在经济发展方面达到现有成就的部分秘诀是其有意无意地绕过甚或违反自己所设的法规来扩大企业利润。这种“唯经济论”的地区发展观念所造成的后果是农村劳动力被置于国家劳动法规保护的范围之外，基本无视关于劳动时间、最低工资以及福利等的规定[①]。

第三节　实证研究小结

本节主要以企业社会责任最为突出的制造业上市公司 2016 年的社会责任报告作为内容分析样本，对其编码打分并进行简单描述性统计。整体而言，我国制造业企业的整体责任水平并不乐观，本节综合上述研究结果得出如下结论：(1) 企业和谐劳动关系披露的具体内容主要包括员工薪酬福利、员工职业安全与健康、平等雇佣、改善工作环境、依法签订和履行劳动合同、员工职业培训与发展、员工沟通关怀、救助困难员工、增加就业等方面；外部社会责任主要包括社会公益慈善、环境保护、消费者或客户责任、商业伙伴责任、政府责任等方面。(2) 从披露信息的详细程度来看，多数企业倾向于较为详细地披露外部社会责任（如慈善捐赠、社会公益、环境保护），而对内部责任中真正反映和谐劳动关系的部分和

① 黄宗智．国营公司与中国发展经验：“国家资本主义”还是“社会主义市场经济”[J]．开放时代，2012 (9)：8－33.

与劳动者切身利益相关的部分披露不足甚至不披露。例如，对于平等雇佣问题、企业签订合同的比率问题，以及如何对待劳务派遣工问题，不少企业避而不谈。（3）企业社会责任报告中关于和谐劳动关系的披露中给出的信息量多数集中在中等水平，而与之相反的是绝大多数企业对社会公益和慈善的披露水平较高。

理论上来说，企业社会责任的真实情况和责任报告披露应该具有很强的相关性。由于部分利益相关者无法进入企业内部了解其如何对待员工，如何去构建和谐的劳动关系，企业社会责任报告则在缓解这种信息不对称中扮演重要角色。但经过印象管理包装后的信息可能放大某些责任事项或隐藏某些负面责任事项，甚至仅仅披露一些无关信息。上述这种隐藏信息的行为可能表明公司在该方面并未完全履行社会责任，或者履行责任效果欠佳。由本节结论可知，中国企业社会责任信息披露侧重于外部社会责任，而与劳动者切身利益有关的信息披露的不多甚至不披露①。这种信息评略与隐藏行为可能表明公司在履行员工责任方面并未完全履行到位。

从披露的信息中包含的可用信息来看，企业自愿披露的信息中大多数没有实质内容，造成信息的可靠性较低。在分析社会责任报告的可靠性时，我们可以理解为企业社会责任应该做到“言行一致”。我们分析这可能是企业内外部多方面因素共同作用的结果：一方面关于强制企业履行社会责任的法制建设相对滞后，部分企业乐衷于参加慈善捐助活动以增加曝光率和

---

① 李娟．加强企业社会责任信息披露的印象管理[J]．经济研究导刊，2012(13)：15－16.

提高企业自身的知名度为导向，并不是真正具有社会责任意识，更有甚者打法律擦边球，对应尽的员工权益保护责任没有尽到；另一方面企业家在社会责任履行的认识上仍存在较多误区，将企业社会责任简单地等同于慈善，或者仅仅为了提高知名度而做公益活动。

第四章

企业劳动关系与外部企业社会责任关系实证研究

——基于上市公司年报数据的分析

中国情境下内外部企业社会责任到底是平衡协同还是冲突对立？学术界一直没有实证研究，本章对此做一探索。

企业社会责任报告内容分析为定性分析，定性分析解释"如何"和"为什么"的问题，它不是为了强化现有理论，在一定程度上是重新思考理论框架，但这样做并不意味着简单化[①]，而是通过信息挖掘寻找规律。定性分析有其一定的优势，但由于样本量限制，很难推断出总体的情况，且定性分析受到各种干扰因素影响较大。而定量分析可以用问卷调查，也可以利用二手数据等，它遵循随机抽样或配额抽样，涉及对组织更为精确的描述，更多出现的是定距变量[②]。由于定量分析的样本范围很广，且大多与背景无关，更具有概括性[③]，研究结论可以推断出整体情况，因此我们进一步利用财务客观数据做定量分析来进行我们的研究。这一部分我们遵循实证研究的基本思路，即基于理论提出研究假设—验证假设—得出结论。

---

① 陈晓萍，徐淑英，樊景立．组织与管理研究的实证方法[M]．北京：北京大学出版社，2012：279.

② Kvale S. Interviews：an introduction to qualitative research interviewing [J]. Urologic Nursing，1997，19 (2)：267 –270.

③ Cassell，Catherine. Qualitative methods in organizational research：[M]. SAGE，1994.

第一节　研究设计

一、提出假设

企业在进行社会责任时会采取两种活动，对内专注结构变革举措，同时对外积极寻求关键社会公众利益相关者的认可。这导致企业行动选择的过程：如果一家公司遵循一个特定的过程那么它必须放弃其他东西①。也就是说当企业选择投入更多的资金去进行外部社会活动时，内部社会责任投入也会相应减少。一方面，这是基于成本控制的考虑，在投入水平总量既定的前提下，如果企业的投资对各个利益相关者维度都偏向的话，那么企业可能就达不到想要的利益相关者感知水平，从而降低企业价值②。另一方面，是由于利益相关者显著性理论。企业管理者会结合实际对利益相关者进行优先次序高低排列，把更多的精力和有限的资源投入优先次序高的利益相关者身上③，这也导致了其他次要利益相关者资源投入的减少。因此，提出假设 1：

假设 1：内部企业社会责任与外部企业社会责任负相关。

---

① Simon, Herbert A. Administrative Behavior. [J]. American Journal of Nursing, 2007, 50 (2): 46 - 47.

② Godfrey, P. C., C. B. Merrill, and J. M. Hansen. The Relationship between Corporate Social Responsibilityand Shareholder Value: An Empirical Test of the Risk Management Hypothesis [J]. Strategic ManagementJournal, 2009, 30 (4): 425 - 445.

③ Mitchell R K, Agle B R, Wood D J. Toward a theory of stakeholder identification and salience: Defining the principle of who and what really counts [J]. Academy of management review, 1997, 22 (4): 853 - 886.

另外，有学者关注到了内部企业社会责任对企业绩效的影响研究。张完定等（2014）研究发现内部企业社会责任与企业绩效显著正相关[①]。黄林和朱芳阳（2018）[②] 实证结果表明具有较高的横向社会资本的民营科技内部企业社会责任对企业绩效影响较大，具有较丰富的纵向社会资本的民营科技企业的内部社会责任对企业绩效影响较大[③]。员工是企业的核心利益相关者，当企业做出内部社会责任行为时，员工可以感受到这种行为带来的好处，并在工作中进行回报，调动积极性，提升工作热情，对企业的有效运行具有很大好处[④]。同时，企业的竞争力不仅取决于有形资源与无形资源的多少，还要考虑人力资源的管理水平。为响应中国建设和谐社会的号召，企业应该主动承担对员工的责任，提供公平就业机会，保证员工安全及工资福利待遇，以此来提高企业的竞争力，从而提高企业绩效[⑤]。因此，提出假设2：

假设2：内部企业社会责任投入与企业绩效正相关。

Javahar 和 Mclaughlin（2001）在研究中发现任意给定的组织某一生命周期阶段下，对组织在该阶段的关键或普通需求的满足上，不同的利益相关者会表现出不同的潜能，所以其重要

---

① 张完定，赵淑萍，杨松蓉．企业绩效与企业社会责任关系的实证研究[J]. 统计与信息论坛，2014，29（12）：44－49.

② 黄林，朱芳阳．民营科技企业社会责任与企业绩效的实证研究：社会资本视角[J]. 科技管理研究，2018，38（4）：209－217.

③ 张完定，赵淑萍，杨松蓉．企业绩效与企业社会责任关系的实证研究[J]. 统计与信息论坛，2014，29（12）：44－49.

④ 黄洁，王晓静．企业员工社会责任对组织公民行为的影响研究——基于心理契约的中介作用[J]. 山东社会科学，2016（2）：179－183.

⑤ 彭荷芳，周健颖，陆玉梅．制度压力、员工社会责任行为与民营企业绩效关系研究[J]. 宏观经济研究，2016（11）：152－160.

性可能有所差异[①]。陈佳贵（1995）认为企业有不同的成长类型，各成长类型在生命周期阶段的特点也各不相同[②]。此后企业生命周期理论被广泛应用到管理研究中，现有研究表明企业社会责任与企业生命周期的关系紧密，应将企业生命周期理论纳入社会责任的研究范畴中。陈宏辉和王江艳（2009）的研究表明，处于不同的生命周期阶段，企业目标与利益相关者群体关系等内部要素的差异可能会影响到企业承担社会责任的重点和战略[③]。在初创期，企业需要大规模的投资来实现增长，股东是企业初始资金的来源，具有领导力和商业头脑的员工是企业开拓疆土必需的人才。在成长期，企业的规模经济效应开始显现，企业需要抓住一切可以快速发展的资源，但并不是所有的社会责任都会对企业价值产生积极影响。此时企业除了要处理好与投资者、员工的关系，还要履行好对供应商和消费者责任。在成熟期，企业发展比较稳定，市场占有率高。企业履行各利益相关者责任都对企业价值有正向作用，此时的企业需要关注各利益相关者的责任，以此保持企业在激烈竞争中的市场地位。在衰退期，企业出现收益下降，资金缺乏的情况，由于过度投资的影响，此时的企业没有多余资源来关注所有利益

---

① IM Jawahar，GL Mclaughlin. Toward A Descriptive Stakeholder Theory：An Organizational Lifecycle Approach [J]. Academy of Management Review，2001（26）：397－414.

② 陈佳贵．关于企业生命周期与企业蜕变的探讨[J]. 中国工业经济，1995（11）：5－13.

③ 陈宏辉，王江艳．企业成长过程中的社会责任认知与行动战略[J]. 商业经济与管理，2009，1（1）：53－60.

相关者责任[1][2]。因此，本文提出假设3：

假设3：不同生命周期阶段的企业的内外部社会责任投入是有差异的，成熟期内外部企业社会责任偏移程度相对来说更小。

二、研究设计

（一）样本选择和数据来源

信息的质量水平在行业间不应该存在差异，但不排除行业的制度背景和环境会使之出现差异[3]。所以，我们的样本选择不限于一个行业。为了弥补上述第一个研究未考虑行业差异性特征的不足，本节的年报数据分析则针对所有行业进行比较。因此本节选取我国A股上市公司2006—2016年的面板数据为样本。由于金融行业带有特殊性，它的财务报表体系与其他企业不同，在分析过程中可能会影响结果，故剔除这部分样本及ST类公司，最终本文得到6657个样本观测值。数据来自国泰安数据库、同花顺、上市公司企业社会责任报告。

（二）变量测量

1. 内外部社会责任

对于内部责任，相较于企业自愿披露的社会责任报告，以会计准则为导向的规范性披露是指以财务报表附注为主要形式

---

① 王清刚，徐欣宇．企业社会责任的价值创造机理及实证检验——基于利益相关者理论和生命周期理[J]．中国软科学，2016（2）：179－192.

② 王琦．基于企业生命周期的企业社会责任价值贡献实证研究[J]．北京交通大学学报，2018（1）：75－84.

③ 郭旻晓．企业员工责任信息披露研究[J]．新会计，2009（11）：18－20.

的人力资源信息披露，其内容主要包括两方面信息：一是对董事会成员和高级管理人员的相关信息的披露，主要涉及企业董事、监事、高级管理人员的姓名、性别、年龄、受教育情况、政治状况、工作经历、职务、报酬情况及能力描述等；二是对企业员工信息的披露，大致涉及员工的人数、学历构成、技术职称构成、岗位构成情况等。之所以选择公司年报作为公司员工信息披露的来源，是因为虽然年报只是企业员工信息的渠道之一，但有研究发现年报的披露水平与通过其他方式披露的信息量显著正相关[①]。所以年报能够很好地代表公司所有披露方式下提供的信息水平。同时，本文关注的是无法在财务报表内作为正式会计项目反映的员工信息的披露，主要包括来自年报中的公司治理报告、报表附注及重大事项等部分。所有样本公司员工责任信息披露的数据是根据上市公司公布的年报手工收集。从公司披露的年报数据来看，内部责任更多关注员工责任。而外部责任涉及的利益相关者主体较多，主要包括消费者责任、供应商责任、政府责任、环境责任、公益责任和债权人责任等方面。Maignan（2000）[②] 和 Oberseder（2013）[③] 等基于利益相关者对企业社会责任进行了内外部社会责任的分类，内部社会责任包括员工培训，教育和工作与生活平衡的项目；外部社会责任则涉及捐赠、减排、企业公民身份和产品安全

① 郭旻晓．企业员工责任信息披露研究[J]．新会计，2009（11）：18－20.

② Maignan I，Ferrell O C. Measuring corporate citizenship in two countries：The case of the United States and France [J]. Journal of Business Ethics，2000，23（3）：283－297.

③ Berseder M，Schlegelmilch B B，Murphy P E，et al. Consumers' perceptions of corporate social responsibility：Scale development and validation [J]. Journal of Business Ethics，2014，124（1）：101－115.

等。有文献也直接将内部划分为股东责任、员工责任；外部划分为债权人责任、供应商责任、客户责任、政府责任①。尽管企业社会责任有着不同的维度，但并不是每个维度都对企业有重要影响，本文综合文献对内外部企业社会责任的划分，选取几个主要维度来衡量内外部企业社会责任，具体是内部社会责任（ICSR）包括员工责任，外部社会责任（ECSR）包括债权人责任、消费者责任、供应商责任、政府责任和社会公众责任。参照陈玉清等（2005）②、万寿义等（2013）③ 和王琦（2018）④ 在文献中衡量企业社会责任的做法，对各利益相关者责任构建指标体系，以此来衡量内外部社会责任。如表 4 – 1 所示。

表 4 –1　企业社会责任评价指标体系

企业社会责任内容	符号	计算方法
员工责任	ECR	支付给职工及为职工支付的现金/主营业务收入
债权人责任	LCR	利息支出额/主营业务收入
消费者责任	CCR	主营业务成本/主营业务收入
供应商责任	PCR	（主营业务成本 + 期末存货 – 期初存货）/平均应付账款

① 张完定，赵淑萍，杨松蓉．企业绩效与企业社会责任关系的实证研究[J]．统计与信息论坛，2014，29（12）：44 –49.

② 陈玉清，马丽丽．我国上市公司社会责任会计信息市场反应实证分析[J]．会计研究，2005（11）：76 –81.

③ 万寿义，刘正阳．制度背景、公司价值与社会责任成本——来自沪深 300 指数上市公司的经验证据[J]．南开管理评论，2013（1）：83 –91.

④ 王琦．基于企业生命周期的企业社会责任价值贡献实证研究[J]．北京交通大学学报，2018（1）：75 –84.

续表

企业社会责任内容	符号	计算方法
政府责任	GCR	(支付的各项税费 - 收到的税费返还) /主营业务收入
社会公众责任	UCR	(环保支出 + 捐赠支出 + 赞助费支出) /主营业务收入

参考 Tang 等 (2012)[①] 的做法，分别对各利益相关者责任进行标准化处理，转化为无量纲指标，使各指标值处于同一数量级别，同时由于内外部所涉及的利益相关者个数不一，因此对内外部企业社会责任分别平均化处理，增强了比较的科学性和严谨性。最终的内部企业社会责任的计算公式为 ICSR = 员工责任，外部企业社会责任的计算方式为 ECSR = (债权人责任 + 消费者责任 + 供应商责任 + 政府责任 + 社会公众责任) /5，其中各利益相关者责任都为标准化后数值。

2. 内外部企业社会责任偏离

企业为了应对制度压力并获得合法性，在战略上采取两种行动：内部行动和外部行动。企业可能同时采取两种行动，但这也导致了行动的选择问题，公司做出选择可能会增加或减少他们的外部和内部行动之间的差距。这种内部和外部行为之间的差异 (GAP) 反映了内外部责任的偏离程度，其计算公式为 GAP = | 内部 CSR - 外部 CSR | ，该指标反映了企业在履行社

① Tang Z, Hull C E, Rothenberg S. How corporate social responsibility engagement strategy moderates the CSR - financial performance relationship [J]. Journal of Management Studies, 2012, 49 (7): 1274 - 1303.

会责任中对内外部责任的重视程度[①]。该数值越大，反映了企业社会责任越重视某一方面利益相关者责任，而忽视另一方面利益相关者责任，即公司采用的是冲突竞争的社会责任策略；反之，数值较小则可认为企业采用了均衡协同的社会责任策略。同时，内外部责任偏离程度可以反映一个企业是更重视“里子”还是“面子”。去掉绝对值时，偏离程度大于零即表示企业内部 CSR 做的比外部 CSR 更好，企业的“里子”做得很好，员工责任高；而当偏离程度小于零则表示企业外部 CSR 比内部 CSR 做得更好，企业更注重“面子”工程，更愿意花钱去维护外部 CSR。

3. 企业绩效

由于企业绩效是一个不断动态的变化的数值，受公司发展状况和市场环境的影响，因此衡量企业绩效的指标有很多，既有从财务学角度定义企业价值，也有从市场角度来进行衡量。本文主要采取现有文献中比较常用的方法，利用托宾 Q 值来表示企业绩效。

4. 企业生命周期

本文借鉴 Dickinson 划分的做法，根据企业现金流来对企业所处生命周期阶段进行划分。由于本文所采用的数据来自上市公司，中国上市公司都是发展到一定阶段的企业，默认已经度过了初创期，因此本文企业的生命周期，只包括成长

---

① Hawn，O.，Ioannou，I. Mind The Gap：The Interplay between External and Internal Actions in The Case of Corporate Social Responsibility [J]. Strategic Management Journal，2016，37 (13)：2569 – 2588.

期、成熟期和衰退期三个阶段。本文借鉴曹裕等（2010）①、陈旭东等（2008）② 做法，将导入期和增长期划分为成长期，淘汰期划入衰退期。如表 4－2 所示。

表 4－2　企业生命周期划分表

	导入期	增长期	成熟期	淘汰期	淘汰期	淘汰期	衰退期	衰退期
营业现金流	－	+	+	－	+	+	－	－
投资现金流	－	－	－	－	+	+	+	+
筹资现金流	+	+	－	－	+	－	+	－

5. 控制变量

根据国内外对企业社会责任的研究文献，本文将资产负债率、企业规模、企业年龄、企业盈利能力、独立董事比例和董事人数作为控制变量，具体变量测量方式如表 4－3 所示。

表 4－3　控制变量表

变量	符号	计算方法
资产负债率	LEV	负债总额/资产总额
企业规模	LnTA	总资产的自然对数
企业年龄	Age	当前年份－企业成立年份
企业盈利能力	Profit	净利润/主营业务收入
董事人数	Board	董事会总人数

① 曹裕，陈晓红，万光羽．控制权、现金流权与公司价值—基于企业生命周期的视角[J]．中国管理科学，2010，18（3）：185－192.

② 陈旭东，杨文冬，黄登仕．企业生命周期改进了应计模型吗？——基于中国上市公司的实证检验[J]．会计研究，2008（7）：56－64.

第二节　基于上市公司年报的内外部社会责任关系分析

一、描述性统计

为了观察样本的总体特征，我们进行了描述性统计，结果如表4－4所示。研究对象为2006—2016年的6657个样本。面板数据与传统的横截面数据和时间序列数据相比，有着多方面的优势，可以观察样本在一定时间内的变化趋势，也可以进行样本之间的比较研究。面板数据有利于解决遗漏变量的问题，并能提供更多个体动态行为的信息，由于样本容量足够大，面板数据估计的精确度更高①。

表4－4　2006—2016年全行业样本的内外部责任和偏离程度

变量	均值	标准差	最小值	最大值
GAP	0.145	0.113	0.0000167	0.941
ICSR	0.196	0.139	0	1
ECSR	0.259	0.073	0.026	0.739

从描述性表中可以看出，内部企业社会责任的均值为0.196，要小于外部社会责任均值0.259，可见很多上市企业更倾向于履行外部企业社会责任，内部社会责任的履行程度较弱，与前面所描述的中国企业实际情况相符，进一步支持了竞

① 陈强．高级计量经济学及Stata应用[M]．北京：高等教育出版社，2014：250－251.

争替代假说。内外部企业社会责任差距均值为0.145，标准差为0.113，表明我国内外部社会责任不一致程度在不同企业有显著差异，不同企业对内外部的关注度有一定差别。

二、独立样本T检验

企业在内外部社会责任的投入实践中可能采取两种战略：内部社会责任投入多于或少于外部社会责任投入。为了检验内外部企业社会责任偏移程度的两种不同情形是否具有显著差异，本文对样本进行了两组独立样本T检验，结果如表4-5所示。两组样本分别是内部企业社会责任小于外部企业社会责任，以及内部企业社会责任大于外部企业社会责任时的样本。表4-5的上半部分分别代表样本的变量、样本量、均值、标准误、标准差、95%置信区间；由表4-5可以看出，内部CSR小于外部CSR的有4556家企业，明显多于内部CSR大于CSR的2101家企业，不管是在内外部社会责任均值上还是数量上都表明更多的企业还是偏向于做外部CSR。同时输出的P值为0.000，即P值小于0.05，差异有统计学意义，即ICSR < ECSR的企业与ICSR > ECSR的企业的内外部社会责任偏移程度之间的差异有显著性意义，两组样本具有明显独立性。也就是说，更偏向于外部社会责任的企业的内外部社会责任偏移程度样本均值比偏向于做内部社会责任的大，侧面验证了大多数企业在进行社会责任活动时还是爱做“面子工程”，忽视了“里子建设”。

表 4-5　独立样本检验结果

Variable	Obs	Mean	Std. Err.	Std. Dev.	[95% Conf. Interval]	
ICSR < ECSR	4556	0.152	0.002	0.104	0.149	0.155
ICSR > ECSR	2101	0.130	0.003	0.129	0.125	0.136
commbined	6657	0.145	0.001	0.113	0.142	0.148
diff		-3.112103	0.003		0.016	0.028
diff = mean (ICSR < ECSR) - mean (ICSR > ECSR)						T = 7.358
H0: diff = 0					degrees of freedom = 6655	
Ha: diff < 0 Pr(T < t) = 1.0000		Ha: diff ! = 0 Pr(|T| > |t|) = 0.0000			Ha: diff > 0 Pr (T > t) = 0.0000	

三、相关性分析和回归分析

从表4－6中的相关性分析结果可以看出，内部企业社会责任和外部企业社会责任之间的关系显著负向相关，这也验证了我们提出的冲突竞争理论，在企业资源有限的前提下，当企业不断加大外部社会责任投入时，内部利益相关方的权益会受损。但相关分析结果一定程度上并不准确，还需采取回归分析的方法进一步验证假设。

表4－6　各变量相关分析

ICSR	ECSR	LEV	LnTA	Age	Profit	Board
ICSR	1					
ECSR	-0. 253***	1				
LEV	-0. 297***	0. 155***	1			
LnTA	-0. 264***	0. 061***	0. 497***	1		
Age	-0. 089***	0. 0200	0. 191***	0. 220***	1	
Profit	0. 122***	-0. 091***	-0. 214***	0. 00500	0. 00500	1
Board	0. 0100	0. 035***	0. 138***	0. 224***	0. 0180	-0. 0130

表4－7是模型的回归结果，模型1是控制变量与因变量ICSR的回归结果，模型2加入了自变量来考察ICSR和ECSR的关系，模型3是以Q为因变量的回归模型，考察ICSR对企业绩效的影响。从模型2中可以看出，外部企业社会责任与内部企业社会责任在1%水平上显著负相关（β＝－0. 403，t＝－15. 127），表明随着外部企业社会责任的不断增加，内部企业社会责任投入会减少，验证了假设1。同时，模型3结果显示内部企业社会责任与企业价值在10%水平上显著正相关（β

=0.367，t=1.820)，即内部企业社会责任的投入有利于企业价值的提升，为企业应注重内部社会责任建设提供了依据，验证了假设2。

表4－7　回归分析结果

变量	模型1（ICSR）		模型2（ICSR）		模型3（Q）	
	系数	t－Statistic		t－Statistic		t－Statistic
LEV	－0.144***	－14.127	－0.121***	－11.159	－1.850***	－11.523
LnTA	－0.020***	－13.889	－0.020***	－14.228	－0.276***	－16.735
Age	－0.000	－1.123	－0.000	－1.244	0.002	0.580
Profit	0.075***	6.007	0.064***	2.873	0.983*	1.764
Board	0.006***	6.103	0.006***	6.506	－0.039***	－4.459
ECSR			－0.403***	－15.127		
ICSR					0.367*	1.820
_ cons	0.654***	22.475	0.755***	26.053	9.477***	29.666
N	6657		6657		6657	
Adj_ R	0.118		0.161		0.209	
F	194.317		219.781		232.297	

注：*，**，***分别代表在10%，5%，1%的水平上显著。

四、不同生命周期阶段内外部企业社会责任偏移程度差异性检验

表4－8和图4－1都代表了企业不同生命周期阶段内外部社会责任的对比。成长期企业有3212家，成熟期企业有2573家，衰退期企业有872家，这种划分方式得出的结果符合市场现状。从表4－8中可以看出，首先，与总体样本所反映的趋势一样，不管在哪个生命周期阶段，内部企业社会责任均值都小于外部社会责任。这个结果反映了当前我国企业主要还是重

“面子”，轻“里子”，更注重外部社会责任的建设，而忽视了内部社会责任。其次，随着企业的发展，实力的提高，企业对社会责任的投入也增加，成熟期达到最大，衰退期则不断减少。这是由于在不同的企业生命周期阶段，企业对内和对外的责任策略存在差异，但总体而言，随着企业的不断发展，企业资源的相对充足，企业社会责任的投入也慢慢增加，在成熟期投入最多，而到了衰退期，企业由于经济实力下滑，甚至有些企业可能出现亏损状态，因此为了降低企业成本，此时的内外部企业社会责任的投入都逐渐降低。最后，成熟期的内外部企业社会责任偏移程度相比于其他两个阶段要弱。由于新兴企业较多，很多企业都处于成长期，企业不仅需要处理好与投资者和员工之间的关系，更需要与供应商和消费者建立良好关系，为后续的发展存储资本和资源①。此时的企业可以关注对企业发展更重要的方面。而成熟期企业则发展比较稳定，有自己的主营业务和竞争优势，企业有更多的资金来关注各个利益相关者群体，此时企业履行各利益相关者的责任与企业价值创造正相关②。衰退期企业样本数最少，企业的收益下滑，产品失去竞争力，已无力兼顾各利益相关者责任③，有些企业虽然处于衰退期，但只要企业经营合理，能够把人力、物力投放到对企业价值贡献最大的部分，企业仍旧可以继续发展下去，甚至扭转困局。因此，成熟期阶段的内外部企业社会责任偏移程度会相对更小些。

---

① 李程骅，胡亚萍．企业社会责任与企业生命周期关系论[J]．南京社会科学，2008（7）：116－122.

② 王清刚，徐欣宇．企业社会责任的价值创造机理及实证检验——基于利益相关者理论和生命周期理[J]．中国软科学，2016（2）：179－192.

③ 王琦．基于企业生命周期的企业社会责任价值贡献实证研究[J]．北京交通大学学报，2018（1）：75－84.

表 4－8　不同生命周期的内外部责任对比

生命周期	变量	GAP	ICSR	ECSR
成长期	均值	0.148	0.194	0.257
	标准差	0.117	0.140	0.075
成熟期	均值	0.139	0.198	0.261
	标准差	0.105	0.134	0.067
衰退期	均值	0.153	0.194	0.259
	标准差	0.120	0.151	0.083

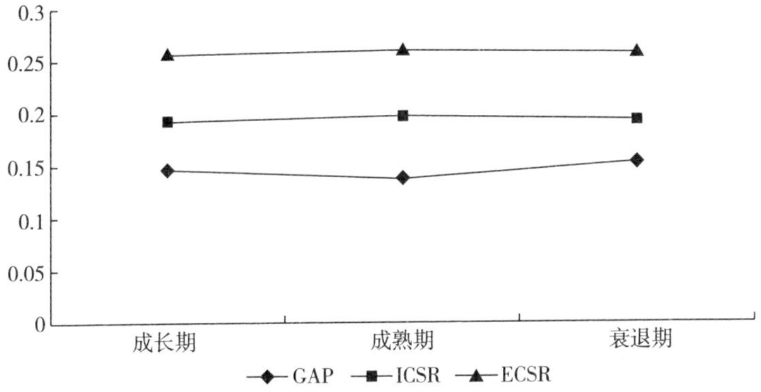

图 4－1　不同生命周期企业的内外部责任对比图

为了检验在不同的生命周期阶段，内外部企业社会责任偏移程度是否具有显著的差异，本文通过方差分析来进行检验。从表 4－9 中我们可以看出，内外部企业社会责任偏移程度的 F 值显著，表明其在不同生命周期阶段时存在着显著差异，再次验证了上文各生命周期阶段内外部企业社会责任偏移程度的结果的差异性，假设 3 得到检验。

表4-9 企业生命周期对内外部企业社会责任偏移程度方差分析结果

变量		SS	df	MS	F	Prob > F
GAP	组间	0.173	2	0.087	6.8	0.0011
	组内	84.682	6654	0.013		
	总体	84.856	6656	0.0127		

第三节 实证研究小结

本节通过整理的上市公司年报信息来评估企业在构建整体责任体系中如何处理内部的劳动关系和外部责任行为。通过上述分析，我们可以得到如下几个基本结论：

（1）现有情境下，企业更倾向于进行外部责任行为，而忽视内部员工权益保护。这种“重面子，轻里子”的企业社会责任履行情况，进一步为内外部社会责任的冲突论提供证据，内外部社会责任的冲突，在中国更加明显。这也反映了利益相关者显著性理论，企业会根据实际情况对各利益相关者进行排序，更偏向于掌握着有更大诉求和话语权的群体，继而加大对这些利益相关者的资金投入。同时，由于资源的有限性，企业在进行较多的外部社会责任投入后，为了降低成本，可能会选择忽视员工权益、降低内部社会责任投入来满足外部需求。

（2）从时间上来看，无论是企业生命周期的哪一阶段，样本外部企业社会责任均值始终大于内部社会责任均值，内外部社会责任投入均在成熟期达到最大。这种现象是与企业的经济实力水平密切相关的，随着企业的不断成长，企业对社会责任的投入也逐步增加，而当企业经营下滑时，社会责任投入也随之下降。

（3）企业在成熟期阶段更注重平衡内外部利益相关者投入。在企业的成长期阶段，为了拓宽市场和提高品牌知名度，企业更多的倾向于通过外部社会责任来获取公司声誉和消费者信任等，以此来提高企业绩效。此时，企业往往容易忽视内部社会责任的建设，从而导致内外部企业社会责任偏移程度过大。成熟期阶段时，企业产品在市场上已有一定份额，企业不用过多的通过投入外部社会责任来获得产品销售额，此时的企业更会注重各利益相关方的关系维护，响应利益相关者的诉求。当企业走入衰退阶段时，企业社会责任的投入也随着公司资金实力的衰弱而不断减少，企业通常会有选择性的进行社会责任实践，根据不同企业的不同情况，社会责任战略选择也会有很大差异。

第五章

企业劳动关系与外部企业社会责任关系实证研究

——基于C市CSR评价数据的分析

在内陆城市层面中，C 市是推动企业社会责任建设的首个城市，2014 年开展了市级层面企业社会责任评价。

第一节　C 市企业社会责任评价过程及方法

改革开放初期，在沿海地区，代加工企业接受客户的社会责任验厂。随着产业转移，内陆也有大量的企业成为国际品牌公司的供应商，接受客户委托第三方进行社会责任验厂。企业社会责任的普及，社会责任评价由被动接受国际组织的和品牌商的“验厂”走向主动向内资企业推行，这促进企业与国际接轨，也提高一个地区的国际化程度。C 市企业社会责任建设是适应“两型社会”建设的需要，也是经济转型和社会变革的必然。

一、C 市推动企业社会责任背景

中国经济经过 30 多年的飞速发展，取得了举世瞩目的经济成就，但也出现了一些社会矛盾：食品安全问题越来越严重；假冒伪劣产品充斥市场；环境污染和环境破坏频繁发生；劳动者利益和权益受侵犯、劳动冲突越来越尖锐。各种社会矛盾显示，社会协调必须跟上经济发展的步伐，“构建和谐社会”成为社会发展的主要目标。为此，经济领域各种组织都在推动企业社会责任建设。

（一）“两型社会”建设

2007 年，以 C 市为主的城市群获国务院批准，成为“全国资源节约型和环境友好型社会建设综合配套改革试验区”，C 市加快了“两型社会”建设步伐。根据“两型社会”综合配套改革试验实施方案，从 2008 年开始，经过 5 年的努力，基本形成促进“两型”社会建设的地方性法规体系，基本形成完善的社会主义市场经济体系，基本形成符合新型工业化、新型城市化要求的内生型发展模式。到 2020 年，全面建成经济发展、社会发展、生态文明和谐统一的“两型”社会。能源及资源生产率、环境及人居质量、可持续发展能力等达到国内先进水平，全面进入可持续发展的良性循环；以人均绿色地区生产总值计算的经济发展指标达到全国一类地区先进水平。

“两型社会”建设，要求 C 市的社会发展综合考虑经济目标和社会目标，要求经济增长方式全面转型升级。C 市“十二五”规划提出，要“妥善处理好经济社会发展各个层面、各个环节的关系，促进三次产业发展相协调，速度质量效益相协调，投资消费出口相协调，人口资源环境相协调，改革发展稳定相协调”。“以两型社会建设综合配套改革为引领，加大改革攻坚力度，积极探索有利于资源节约和环境友好的产业结构、增长方式和消费模式，大力发展绿色经济和循环经济，积极推动‘两型’城市建设”。

（二）经济发展趋势

劳动力市场结构变化，促使经济转型，也要求企业提高用工责任。国家统计局公布 2012 年中国 15—59 岁劳动年龄人口

93727 万人，比上年末减少 345 万人，占总人口的 69.2%，绝对量首次下降，原预测 2015 年人口红利消失提前到 2012 年；2013 年再减少 244 万人。

C 市的缺工现象同样严重。2013 年一季度工业企业景气调查显示，24.2% 的中小企业认为用工短缺，45.0% 的中小企业认为用工成本上升①。由于人口净流入，对 C 市人口红利的消失有缓解作用，但企业仍旧受到用工短缺的威胁。因此，依靠廉价劳动力促进经济发展的模式受到挑战。

劳动力市场主体变化同样要求企业管理模式转变。2013 年全国农民工总量已达 26894 万人，其中 31.2% 从事制造业，22.4% 从事建筑业，80 后新生代农民工占 46.6%。在 C 市务工农民工有 57 万人，其中新生代农民工约 35 万人，占全部农民工的 61.4%②。新生代成为职场主力军，对职场低权利的传统、粗放的企业管理带来挑战，要求企业注重劳动者权益，促进劳动者与企业共同发展，担负起劳动用工责任。

消费者需求变化，要求企业承担更高的经营责任。2011 年 C 市城市居民人均消费支出为 17595.34 元，恩格尔系数（食品消费支出占消费支出的比重）36%。2017 年这一数据分别上升为 30055 元和 25%。根据联合国粮农组织提出的标准，恩格尔系数在 59% 以上为贫困，50%—59% 为温饱，40%—50% 为小康，30%—40% 为富裕，低于 30% 为最富裕。处于富裕阶段的居民，消费趋于多样化，消费层次提高，更讲究消

---

① 王城长 . C 市十年减少 10 万儿童 少年人口占比从 1/5 降为 1/8 ［M］. 潇湘晨报，2013 – 5 – 30.

② 卜劲文 . 新生代农民工月均工资 2377 元 ［N］. 长沙晚报，2011 – 12 – 31.

费品的品质。这对企业创新产品和服务提出了更高的要求。内需将是中国未来经济发展的主要拉动力，顺应消费者需求变化，提高产品和服务质量，是企业可持续发展的根本。

（三）社会变革动向

随着经济的发展，社会文明会随之进步，人们思想意识会更倾向于民主、开放、平等。新媒体的产生，带来了丰富多样的信息，社会开放程度、透明度大大提高。企业及各种社会组织都处于公众的监督之下。企业要维持良好的公众形象，就要遵纪守法并承担“企业公民”的应有责任，推动社会进步。

社会多元化，促使社会治理方式发生变化，政府一元化治理主体的格局将被打破，各种社会治理主体产生；公民参与社会治理也越来越多。C 市目前就存在各种环境保护组织、扶助贫弱组织、特殊群体帮扶组织、民间学术组织等非政府组织。政府、企业、社会、公民等将构成新的治理格局，这对企业提出了更高的要求。

二、C 市企业社会责任评价过程

C 市从 2010 年底开始启动企业社会责任建设工作。经过三年多的努力，开展了首届企业社会责任评价。

（一）制定企业社会责任评价指标及实施办法

2010 年底，C 市开始启动企业社会责任建设工作，以此作为创新社会管理、推动企业科学发展的一个突破口。市总工会酝酿企业社会责任建设工作，收集各地开展企业社会责任工作的资料并进行研读。2011 年 7 月，市总工会推动成立“C

市企业社会责任领导小组”，研究制定企业社会责任评价体系并常态化开展相关工作。2012 年 10 月，C 市发布“企业社会责任评价体系”；2013 年 11 月发布《C 市企业社会责任评价试行办法》，《试行办法》确立“政府主导、企业主体、工会主推、社会共建”的原则。根据《试行办法》，2013 年 12 月开始，首届 C 市企业社会责任建设进入评价环节，至 2014 年 6 月，确定社会责任评价结果。

（二）C 市企业社会责任评价指标体系

C 市企业社会责任评价指标体系共 55 项内容，总分 1000 分。

1. 指标种类

C 市企业社会责任评价体系按责任分类，分为用工责任、环境责任、经营责任、公益责任、特别条款五个方面。

用工责任、环境责任分别为 300 分，经营责任为 260 分，公益责任为 140 分，另外设立一票否决的指标；按照指标类别分为 A、B、C、D、E、F 共六类。

A. 基本指标：反映企业履行企业社会责任的基本情况，具有可比性和普适性；

B. 进步指标：反映企业履行社会责任的更高标准，属于引导类指标；

C. 减分指标：企业未履行法律法规的要求或受到行政部门的处罚；

D. 奖励指标：企业通过各种权威性认证、受到各种荣誉奖励；

E. 个性指标：只适用于特定的企业、行业，一般不具有普适性；

F. 一票否决指标：严重违反法律法规、社会影响恶劣的事件列入该类指标，采取一票否决的办法，不评分，直接归入企业社会责任评价的最低等级。

A 类指标 28 个，B 类 12 个，C 类 6 个，D 类 2 个，E 类 7 个，F 类 1 个。A 类指标分值为 580 分；B 类指标分值为 290 分；E 类指标分值为 130 分。如表 5 -1 所示。

表 5 -1　企业社会责任评价指标类型

指标类别	基本指标（A）	进步指标（B）	减分指标（C）	奖励指标（D）	个性指标（E）	一票否决指标（F）
指标个数	28 个	12 个	6 个	2 个	7 个	1 个
分值（总分 1000 分）	580 分	290 分	L2、L19、L21、S6、S7、S8 六项指标	L3 和 S9 两项指标	130 分	S10 专指重大事故

2. 分类指标说明

(1) 用工责任类

“用工责任”类指标共有 20 项，分别涵盖依法用工、民主管理、员工发展、安全生产、职业健康、劳动争议等。如表 5 -2 所示。

“依法用工”指标。该指标反映企业劳动合同的实际履行情况，评价内容为企业合同期内员工的流失率及解聘程序。这一指标要求企业依法履行劳动合同。

“工资发放与增长”指标。该指标反映企业的工资发放和增长情况，评价内容为企业工资发放情况、工资增长机制，员工人均工资增长比率。这一指标要求企业在提高经营绩效的同

表 5－2　用工责任指标

用工责任																				
一级指标	依法用工					民主管理		员工发展		安全生产			职业健康						劳动争议	
二级指标	用工制度	合同签订与参保	劳务派遣	工资发放与增长	工时与休假	组织建设	民主管理集体协商	员工培训	员工关爱	安全生产宣传培训	安全生产管理	特种设备安全	劳动环境	女工与未成年保护	健康体检与管理	职业病防护控制	职业健康管理认证	职业病发生率	劳动争议	劳动纠纷

时，建立正常的工资增长机制，关注员工的工资增长。

“工时与休假”指标。反映企业工时和休假的执行情况，评价内容为企业员工平均工时、休假的情况，是体现企业劳动关系和谐的重要指标。这一指标要求企业按国家要求执行工时与休假制度，合理安排员工休息休假。

“员工关爱”指标。反映企业关爱员工的情况，评价内容为企业所开展的具体活动、职工救济互助机制的建立和实施情况。这一指标要求企业关爱员工，建立职工救济互助机制，及时解决有关职工切身利益的问题。

（2）环境责任类

“环境责任”类指标中，共有 13 项，分别涵盖环保管理体系、环保治理投入、污染物排放、能源管理认证与计量管理等。如表 5－3 所示。

表 5-3 环境责任指标

环境责任													
一级指标	环保减排								节能低碳				
二级指标	环保管理体系	环境管理认证	环保行动	环保治理投入	污染物排放	环境行为评价	清洁生产审核	节能管理制度	能源管理认证与计量管理	节能行动	综合能耗降低率	资源循环使用率	调整能源使用结构

"环保管理体系"指标。反映企业的环保管理制度体系建设情况，评价内容为环保组织管理体系及相关制度的建立与实施情况。这一指标要求企业建立完善的环保管理体系，按规定进行环境管理。

"环保治理投入"指标。反映企业在环保治理方面的经费投入情况；评价内容为企业是否设立专项环保投入及实际的环保经费投入情况。这一指标要求企业在发展的同时注重环境保护，加大环保投入。

"污染物排放"指标。反映企业环保治理的执行情况，评价内容为企业污染物排放浓度和排放量，年度减排任务完成情况。这一指标要求环保相关企业注重环境保护，严格执行排污要求。

"环境行为评价"指标。综合反映企业的环保行为，评价内容为企业的环境行为评价结果。这一指标要求环保监控企业切实履行环保要求，注重环境保护。

（3）经营责任类

“经营责任”类指标中。共有 11 项，分别涵盖消费投诉、合同与采购、工商年检、纳税信用评价等。如表 5－4 所示。

“消费投诉”指标。反映企业对消费者的诚信度，评价内容包括企业的消费投诉体系建立情况、体系运行情况和现实绩效。这一指标要求企业在提高经营绩效的同时，诚信对待消费者，尊重、维护消费者权益。

表 5－4　经营责任指标

经营责任												
一级指标	诚信经营					财会纳税			产品质量			
二级指标	消费投诉	合同与采购	工商年检	组织机构代码证年检	工业产品生产许可证年度自查	工商信用评价	财会纳税管理	纳税及缴费	纳税信用评价	质量管理体系认证	产品服务管理体系	产品研发投入

“合同与采购”指标。反映企业对商业伙伴的诚信度，评价内容包括合同的制度建设情况和合同的履行情况。这一指标要求企业注重商业诚信、遵守合同，同时引导企业通过对采购行为的约束来促使供应商更好地履行其社会责任。

“工商信用评价”指标。反映企业的工商信用监管评价情况，评价内容为工商企业信用等级（企业信用监管评价等级）。该指标通过工商企业信用等级（企业信用监管等级）评价，鼓励和引导企业对诚信经营有更高的追求。

"纳税信用评价"指标。反映企业的纳税信用度，评价内容是企业纳税信用等级评价结果。该指标鼓励和引导企业在依法纳税的基础上，追求更高的纳税信用。

（4）公益责任类

"公益责任"类指标共有 5 项，分别涵盖公益慈善投入、残疾人就业比例等。如表 5－5 所示。

表 5－5　公益责任指标

公益责任									
一级指标	公益慈善					政府媒介			社会评价
二级指标	企业社会责任管理	公益慈善活动	公益慈善投入	帮扶与共建	残疾人就业比例	廉洁	行政处罚	虚假新闻	表彰奖励认证

"公益慈善活动"指标。反映了企业的公益慈善活动力度，评价内容为各类公益活动的次数和持续性。这一指标要求企业积极参与社会公益慈善活动，承担社会公益责任。

"公益慈善投入"指标。反映了企业公益慈善资金投入力度，评价内容为企业公益慈善投入占净利润比重与其他参评企业的比较。这一指标鼓励和引导企业在企业发展的同时，加大用以支持公益慈善事业的资金投入。

"残疾人就业比例"指标。反映企业对残疾人就业所尽的社会责任，评价内容为企业员工中残疾人的比例，以及企业是否缴纳残保金来代替雇佣。残疾人比例占企业职工总数的 1.5%及以上，可以得 20 分。用缴纳残保金来替代雇用残疾人，可以得 10 分。

（5）一票否决类

“重大事件事故”指标。这一指标采用一票否决制度，以最为严厉的手段惩罚企业的严重违法经营行为。在近三年内（包括评估当年），企业发生诸如使用童工、强制劳动、对员工采用侮辱性惩罚措施，发生严重治安事件、群体性事件、重大职业病危害事件、经认定的重大事故（死亡、中毒、环保、安全生产、火警等），企业生产、加工、销售假冒伪劣产（商）品，发生食品等产品质量安全事故，长期恶意欠税（费）等情形的，采用一票否决的办法，不评分，直接归入企业社会责任评价不达标等级。

（三）C 市企业社会责任评价过程

C 市企业社会责任评价由企业自主申请、企业自查自评、职能部门审核评价、第三方机构实地验证、等级评定、结果公示、结果通报七个步骤。其流程如图 5－1 所示。

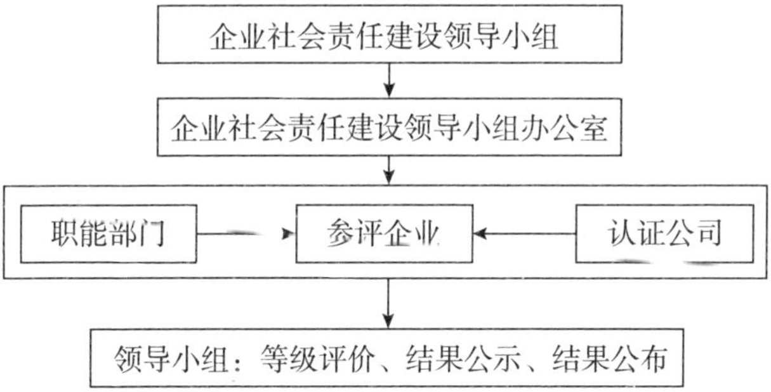

图 5－1　C 市企业社会责任评价流程

第二节　基于C市社会责任评价的内外部社会责任关系分析

一、C市企业社会责任评价结果

C市从申报的30多家企业中选择30家符合条件的企业进行了评价[①]，其中制造业15家，服务业9家，建筑业6家；参评企业中，员工人数在2000人以上的大型企业5家；员工人数在500—2000人的中型企业8家；员工人数在100—500人的中小型企业15家；员工人数在100人以下小型企业的2家；上市公司有5家。

因为没有分行业进行评价，因此，有的企业有个性指标，有的企业无个性指标。有个性指标的企业和无个性指标的企业的基本分合计值不相等。将有个性指标企业的基本分得分进行标准化处理，使其得分能够进行比较，缩小由个性指标带来的差距。30家企业总的社会责任评价得分（总分1000分），最高为923分，最低为647分。可见企业社会责任状况参差不齐。

将30家企业的四大类指标得分进行综合比较，由于每一类指标都包含奖励分和扣分，无法计算得分率。因此，计算时将奖励分和扣分都不纳入，只计算基本指标和进步指标。分析

① 对拟申请评价的企业，三年内（含参评本年度）有下列情形之一的，评价中心应当不予受理。（1）发生一般以上生产安全死亡事故的；（2）因违反劳动与社会保障法律法规而引发职工群体性事件的；（3）发生重大恶性刑事案件的；（4）因违反有关行政管理法律法规而受到重大行政处罚的。

发现30家企业履行社会责任基本指标最好的是用工责任，其他依次为经营责任、公益责任、环境责任。如表5－6所示。

表5－6　社会责任类型比较

责任分类	满分	均值	得分率
用工责任	300	280.9	93.63%
环境责任	300	197.83	65.94%
经营责任	260	238.5	91.73%
公益责任	140	117.67	84.05%

二、劳动用工与外部社会责任指标得分情况比较

（一）劳动用工得分情况

参加企业社会责任评价的30家企业，是C市各行业经营和管理较好的企业，他们的劳动关系状况优于大多数企业。然而，虽然30家企业社会责任指标中，劳动用工的得分率最高，而仔细分析其中的分项指标，并不乐观。30家企业做得最好的是用工制度、工时与休假、党团工会组织建设、安全生产宣传、安全生产管理、女工与未成年工保护，得分率均为100%；较差的（得分率低于90%）的依次（由高到低）为工资发放与增长、职业病防护控制、职业健康管理认证。其中职业健康管理认证（对应指标为“企业通过OHSAS18000（GB/T28001）职业健康与安全管理体系认证”）得分率43.33%，该项目得分率低，是因为通过OHSAS18000（GB/T28001）职业健康与安全管理体系认证的企业仅仅有13家，不到30家企业的一半。如表5－7所示。

表 5－7　用工责任二级指标比较

一级指标	二级指标	满分	均值	得分率
依法用工	用工制度	20	20.00	100.00%
	合同签订与参保	减分项，最多 100	—	—
		奖励分，20 分	19.33	96.67%
	劳务派遣	20	19.33	96.67%
	工资发放与增长	30	25.67	85.56%
	工时与休假	20	20.00	100.00%
民主管理	组织建设	20	20.00	100.00%
	民主管理 集体协商	20	19.67	98.33%
员工发展	员工培训	20	19.33	96.67%
	员工关爱	10	9.83	98.33%
安全生产	安全生产宣传培训	10	10.00	100.00%
	安全生产管理	30	30.00	100.00%
	特种设备安全	减分项，20 分	—	—
职业健康	劳动环境	20	19.00	95.00%
	女工与未 成年工保护	20	20.00	100.00%
	健康体检与管理	10	9.67	96.67%
	职业病防护控制	20	15.33	76.67%
	职业健康管理认证	10	4.33	43.33%
	职业病发生率	减分项，无上限	—	—
劳动争议	劳动争议	20	19.67	98.33%
	劳动纠纷	减分项，无上限	—	—

也就是说，劳动用工责任的履行，更多地表现在履行法律规定的责任；甚至可以发现矛盾的得分情况：企业民主管理和集体协商得 98.33 的高分，而工资（及时）发放和增长只 85.56 分，从中可以推测，企业的集体协商形式化。职业病防护和控制更是我国劳动关系中的薄弱环节，30 家企业的情况也反映了这一点。

（二）外部社会责任指标得分情况

环境责任二级指标得分率差距较大，最好的是环保管理体系（“企业建有完善的环保组织管理体系、环境管理制度及环境突发事件应急预案，10 分”；“企业制定有明确的环保年度目标，台账齐全、记录完整，10 分”），得分率为 100%；其次为环保治理投入、环保行动、节能管理制度、节能行动、污染物排放；而能源管理认证与计量管理、环境管理认证、调整能源使用结构、综合能耗降低率、清洁生产审核、环境行为评价的得分率都低于 60%，其中环境行为评价［对应指标为：“政府环保部门的评价结果为绿色（很好），得 30 分；评价结果为蓝色（好），得 10 分；评价结果为黄色（一般），不得分”］的得分率为 33.33%，为社会责任所有四大类的二级指标的最低分。如表 5－8 所示。

经营责任二级指标中，最好的是工商年检、组织机构代码证年检、工业产品生产许可证年度自查、财会纳税管理、纳税及缴费、产品服务管理体系；其次为合同与采购、消费投诉、质量管理体系认证、纳税信用评价、产品研发投入；最差的是工商信用评价。如表 5－9 所示。

表 5－8　环境责任二级指标比较

一级指标	二级指标	满分	均值	得分率
环保减排	环保管理体系	20	20	100%
	环境管理认证	20	10. 67	53. 35%
	环保行动	30	25	83. 33%
	环保治理投入	20	18. 67	93. 35%
	污染物排放	20	14. 67	73. 35%
	环境行为评价	30	10	33. 33%
	清洁生产审核	20	8. 67	43. 35%
节能低碳	节能管理制度	20	16. 33	81. 65%
	能源管理认证与计量管理	20	11	55%
	节能行动	30	23. 33	77. 77%
	综合能耗降低率	30	15. 83	52. 77%
	资源循环使用率	20	13	65%
	调整能源使用结构	20	10. 67	53. 35%

表 5－9　经营责任二级指标比较

一级指标	二级指标	满分	均值	得分率
诚信经营	消费投诉	30	29. 33	97. 77%
	合同与采购	20	19. 83	99. 15%
	工商年检	20	20	100%
	组织机构代码证年检	20	20	100%
	工业产品生产许可证年度自查	20	20	100%
	工商信用评价	30	20. 67	68. 90%

续表

一级指标	二级指标	满分	均值	得分率
财会纳税	财会纳税管理	20	20	100%
	纳税及缴费	10	10	100%
	纳税信用评价	30	24.67	82.23%
产品质量	质量管理体系认证	20	18	90%
	产品服务管理体系	20	20	100%
	产品研发投入	20	16	80%

公益责任二级指标的得分率差距也很大，最好的是公益慈善活动和帮扶共建，其次是公益慈善投入；再次为企业社会责任管理；最差为残疾人就业比例。如表 5－10 所示。

表 5－10　公益责任二级指标比较

一级指标	二级指标	满分	均值	得分率
公益慈善	企业社会责任管理	40	28.67	72%
	公益慈善活动	30	30	100%
	公益慈善投入	30	25.67	86%
	帮扶与共建	20	20	100%
	残疾人就业比例	20	13.33	67%
政府媒介	廉洁	减分项，无得分率		
	行政处罚			
	虚假新闻			
社会评价	表彰奖励认证	加分项，无得分率		

C 市企业社会责任评价体系中的特别条款为“一票否决”条款，30 家企业在近三年内均没有发生过一票否决指标所列

的重大事故。

从以上30家企业外部社会责任指标（环境责任、经营责任、公益责任）来看，涉及法律制度强制要求的指标，企业履行都较好；而涉及“认证”类的指标得分都不高，涉及企业内部制度建设的指标得分也不高。这说明企业社会责任建设在由被动走向主动，而企业主动的社会责任认证和制度建设，需要大力推进。

在公益责任指标得分中，“公益慈善活动”和“帮扶共建”（C市政府大力倡导的）得分均为100%，而“残疾人就业比例”和“公益慈善投入”不高。这从一个侧面反映，企业比较注重彰显外在形象和响应政府号召的公益慈善。

三、基本指标与进步指标中内外部社会责任比较

根据《C市企业社会责任评价体系》，A类指标即基本指标，总分为580分；B类指标为进步指标，总分290分；C类为奖励指标，有的项目奖励不封顶，因此无总分；D类为扣分指标，有的项目扣分不封顶，因此也无总分；E类为个性指标，总分130分。数据分析发现，企业的社会责任A类基本指标履行最好，得分率为94.6%；其次为B类进步指标，得分率为73.04%；再次为个性指标，得分率为57.44%；C和D类指标因为无法统计总分，没有得分率。如表5－11所示。

表5－11　ABE指标比较

	A	B	E
满分	580	290	130
均值	548.67	211.83	74.67
得分率	94.6%	73.04%	57.44%

具体来说，A 类指标中，企业履行好的依次为经营责任、用工责任、公益责任、环境责任；B 类指标中履行好的依次为公益责任、经营责任、用工责任、环境责任；E 类指标较多的在环境责任指标中，履行效果不佳。如表 5 - 12 所示。

表 5 - 12　ABE 的四大类指标比较

指标	分值	A	B	E
用工责任	均值	242.83	39	
	满分	250	50	
	得分率	97%	78%	
环境责任	均值	103.33	35.17	59.33
	满分	120	70	110
	得分率	86.11%	50.24%	53.94%
经营责任	均值	159.17	63.33	16
	满分	160	80	20
	得分率	99.48%	79.16%	80%
公益责任	均值	43.33	74.33	
	满分	50	90	
	得分率	86.66%	82.59%	

由此可见，30 家企业社会责任尚处于比较初期阶段，对于法定责任履行较好；进步指标是企业履行高于法律或制度要求的社会责任中的更高指标，在本次 C 市的评价中，进步指标也是引导性指标。基本指标与进步指标的比较，可以发现劳动用工责任、环境责任、经营责任的基本指标得分率都大大高于进步指标，分别高出约 19、36、20 个百分点；而对于公益责任基本指标和进步指标的得分率差距最小。这说明企业社会

责任建设任重道远；而对于公益责任，企业相对来说具有较强的动力。

第三节　实证研究小结

作为内陆城市，C 市的企业社会责任建设走在前列，本章以 C 市首届 30 家企业社会责任评价做实证研究。

研究发现，30 家企业履行社会责任参差不齐。整体来说，30 家企业的社会责任基本指标（法律政策要求做到的指标）履行最好，得分率为 94.6%；其次为进步指标（引导性指标，表明更高的社会责任要求），得分率为 73.04%。履行基本指标好的依次是用工责任、经营责任、公益责任、环境责任；履行进步指标好的依次为公益责任、经营责任、用工责任、环境责任。这说明企业履行外部社会责任（公益、经营）更有动力，而履行内部社会责任（用工责任）更源于压力（法律政策要求）。

参加企业社会责任评价的 30 家企业，是 C 市各行业经营和管理较好的企业，他们的劳动关系状况优于大多数企业。但仔细分析分项指标发现，涉及法律和制度强调的责任，企业履行较好，而超出法律和制度强制的进步指标，企业的得分不高；企业在“组织建设”（有工会和职代会）方面好（得分率 100%），有“民主管理制度和集体协商”机制（得分率 98.33%），但“工资及时发放”和“工资随企业利润增长而增长”（工资集体协商的主要内容）却得分率低（85.56%）。从中可以推测，企业的集体协商形式化；职工的“职业病控制和防护”得分更低。这说明，我们的劳动用工责任注重了根据国家法律政策要求建立制度、机构，却没有完善其功能，真正切实保护劳动者利益。

30 家企业外部社会责任指标（环境责任、经营责任、公益责任），涉及法律制度强制要求的指标，企业履行都较好；而涉及“认证”类的指标得分都不高，涉及企业内部制度建设的指标得分也不高。这说明企业社会责任建设在由被动走向主动，而企业主动的社会责任认证和制度建设，需要大力推进。具体来说，环境责任二级指标得分率差距较大，最好的是环保管理体系，其次为环保治理投入、环保行动、节能管理制度、节能行动、污染物排放；而能源管理认证与计量管理、环境管理认证、调整能源使用结构、综合能耗降低率、清洁生产审核、环境行为评价的得分率都低。经营责任二级指标中，最好的是工商年检、组织机构代码证年检、工业产品生产许可证年度自查、财会纳税管理、纳税及缴费、产品服务管理体系；其次为合同与采购、消费投诉、质量管理体系认证、纳税信用评价、产品研发投入；最差的是工商信用评价。公益责任二级指标的得分率差距也很大，最好的是公益慈善活动和帮扶与共建，其次是公益慈善投入；再次为企业社会责任管理；最差为残疾人就业比例。这从一个侧面反映，企业比较注重彰显外在形象和响应政府号召的公益慈善。

企业内外部社会责任（用工责任、环境责任、经营责任、公益责任）都显示基本指标优于进步指标。但在公益责任方面，二者的差距最小，说明企业在彰显组织形象和配合政府倡导的公益活动中，具有较强的动力。

第六章

企业劳动关系与外部企业社会责任关系案例研究

本章我们从更微观的层面——企业来研究。通过对这些案例地研究，探索企业内外部社会责任的关系，并揭示和谐劳动关系及社会责任的动机。

第一节　苏州固锝“幸福企业”研究①

苏州固锝自2009年提出“幸福企业”建设，迄今10年，固锝“幸福企业”已基本成型。

一、“幸福企业”理论研究

“幸福企业”（或称幸福组织，Happy Organization）不同于员工幸福感。

“幸福企业”有广义和狭义之分。广义的是一个企业社会责任角度的概念。“一个幸福的组织是这样的一个组织：它的利益相关者都是幸福的。不同的利益相关者通过不同的活动和组织行动获得满足，即幸福感。员工必须从他们的工作、工资、工作条件、人际关系等方面获得满足感；客户必须通过产品/服务的价值和质量获得满意，社会必须通过看到组织有利于社会发

---

① 固锝案例研究资料来源于固锝幸福企业的视频、企业网站文章、公司年报、董事长吴念博演讲资料、副总古媚君演讲资料，以及笔者2018年7月在苏州固锝的参访、调研。

展并提高社会中人群的生活质量来获得满足，发起人必须通过保持可持续的利润来获得满足”。组织幸福目标一方面满足员工、管理层和合作伙伴（内部目标），另一方面满足社会、供应商及客户（外部目标）。组织幸福的四大支柱是员工满意度、客户满意度（主观指标）和社会责任感、财务绩效（客观指标）[①]。幸福组织是组织在管理互动中充分发挥和利用个人的智慧和优势，协调组织的资源，使其能够在组织环境中获得自身的发展，不断地追求生存优越和快乐，以满足自己不断提升的物质和精神需求，增进组织利益相关者的幸福最大化。它既注重人们的潜能和美德，又注重质和量的结合；同时又注重个人幸福与社会幸福、人类幸福的有机结合，实现组织可持续发展、员工幸福水平和社会效益的共同提高。幸福组织兼顾企业、员工和社会三方利益，通过组织与员工内部能力提升及其与外部环境的适应过程，实现组织的生存与发展。其内部幸福指标，包括企业内部的员工、管理者、股东的个人幸福，以及由上述三者相互作用形成的组织幸福。外部幸福指标则包括消费者幸福、战略合作伙伴幸福、社区幸福等[②]。坂本光司在《日本最了不起的公司》中提出，了不起的公司履行了“对五个人的使命与责任”：使员工和员工家人幸福；使外包、下游厂商的员工幸福；使顾客幸福；使地方社会幸福、繁荣；自然造就股东的幸福。公司的业绩和成长只是永续经营的条件，企

---

① Shrotryia V K. Attaining Organizational Happiness through Value - Based Management - a conceptual framework [J]. Advances in Management, 2014, 7.

② 蒲德祥. 幸福组织：概念、思想溯源及研究框架[J]. 安徽师范大学学报（人文社会科学版），2012（2）：177 - 184.

业要奉行“为社会、为他人”的经营理念[①]。

国内有学者提出，幸福企业是一个健康型的组织，是在幸福健康、胜任高效和创新发展基础上的能够满足企业员工幸福需要的企业。幸福健康包含了员工福利、心理感受和组织绩效三个因素；胜任高效包含了领导风格、能力发展和抗挫能力三个因素；创新发展包含了组织文化、管理创新和社会责任三个维度。幸福企业的核心是员工既能获得“薪酬”，又能获得“心酬”。“薪酬”指的是员工获得合适的工资，而“心酬”就是在这样的企业里工作能够使大多数员工感受到：工作是美好的、幸福的，对企业充满满意度和忠诚度，具有强烈的主人翁意识[②]。但员工幸福是主体，不是全部，企业幸福才是整体。组织幸福是一种积极氛围、组织健康的一种状态，是客观存在的一种组织资本，能够为企业带来竞争优势，同时还是一种心理管理模式。员工幸福感反映了员工和企业的和谐状态，也是组织健康运行的晴雨表。组织绩效、员工幸福能力（包括员工适应环境、解决问题、发展自我的 12 个能力）和幸福状态（积极体验与组织活力）是企业不得不关注的三大主题。幸福企业隐含着三个转变：由单纯关注业绩到兼顾员工身心健康；从心理的角度而不仅仅是物质、技术和能力的角度研究绩效；从心理感知的角度去思考、引导管理行为[③]。

狭义的幸福企业是指员工之间的亲密、同情、诚实、合作

---

① ［日］坂本光司著，蔡昭仪译．日本最了不起的公司：永续经营的闪光之魂［M］．银川：宁夏人民出版社，2010：143.

② 时勘，周海明，朱厚强等．幸福企业离我们还有多远［J］．清华管理评论，2016（1）：80－83.

③ 职业心理健康促进专委会，格略心理管理研究院．中国幸福企业建设白皮书 2014－2015［N］．企业观察报，9－11。

和相互尊重等问题。它指的是避免管理恐吓、偏见。组织的幸福是围绕着识别潜在的人才并为他们的成长和发展奠定基础。一个快乐的组织试图找出员工缺乏工作兴趣和不准确的原因[①]。企业幸福呈现为企业的积极组织氛围，也是持续健康状态的表达，同时内嵌为企业获得优势的组织资本，产生于企业基于认同、互动的心理管理模式。因此，企业幸福是一种心理管理模式，强调心理管理是现代组织健康发展的常态职能，是各级管理者需要承担的重要职责，进而各级管理者需要掌握心理管理的核心技能[②]。从这个角度，学者提出用心本管理来进行企业的幸福管理。心本管理指的是从心入手，帮助员工挖掘、发现心里本来就有的东西，从而达到自我管理目的的一种管理方式。心本管理下的幸福管理是最前沿的管理模式，它通过提高企业员工的幸福感可以实现企业与员工的双赢[③]。

不管是广义的还是狭义的幸福企业概念，都强调从企业内部做好员工关系管理，达到劳资和谐，形成劳资双赢的局面。广义的幸福企业强调在内部和谐的基础上，外部利益相关者同样获得满足和幸福。基于本书的命题，笔者采用广义幸福企业概念。

---

① Hosseinpour Reza A, Esmaeili Leyli B. Investigating the role of organizational happiness inteachers' occupational burnout [J]. Journal of Fundamental and Applied Sciences, 2016, 8 (2): 1444-1465.

② 帅师，郭金山．幸福企业：模型、方法与实践[M]．北京：经济管理出版社，2015.

③ 胡宇辰，詹宏陆．基于心本管理的企业员工幸福感提升分析[J]. 江西社会科学，2014 (6): 234-239.

二、苏州固锝“幸福企业”案例

苏州固锝主要从事生产销售各类半导体芯片、二极管、三极管及各式整流桥堆等系列产品及电子元件电镀加工，共有50多个系列、1500多个品种；产品应用在航空航天、汽车、绿色照明、IT、家用电器及大型设备的电源装置等领域。固锝是世界最大的二极管生产商之一，约占世界产量的8%—9%；同时还是中国最大的二极管销售者。苏州固锝前身是一家校办工厂，1990年10月27日由苏州无线电元件十二厂、香港明申公司、中国五金矿产品进出口总公司企荣苏州贸易有限公司投资设立。经多次股权变更及利润转增股本后，2002年7月24日，经对外贸易经济合作部批准，苏州固锝有限公司转制为外商投资股份有限公司，同时更名为苏州固锝电子股份有限公司，成为苏州市首家外资参股中方控股的股份制企业。2006年11月16日，苏州固锝电子股份有限公司在深圳证券交易所上市，公司下辖子公司8个，分别为：苏州晶银新材料股份有限公司、苏州明皜传感科技有限公司、苏州固锝新能源科技有限公司、苏州硅能半导体科技股份有限公司、苏州晶讯科技股份有限公司、江苏艾特曼电子科技有限公司、苏州固锝（香港）电子股份有限公司、明锐光电股份有限公司（美国）。2017年，公司营业收入18.54亿元，归属于母公司的净利润1.04亿元；员工人数1287名。

2009年底，苏州固锝提出用中国传统的“家”文化构建幸福企业。2010年，固锝成立“大爱人文工作部”，工作部协同党支部、团委、工会统一组建、管理志愿工作者（简称志工）队伍，推动公司志愿者积极投身慈善公益事业。2011年，固锝将“大爱人文工作部”更名为“企业幸福工作部”。经过探索逐步形成固锝幸福企业文化体系，固锝的核心价值观是：企业的价值在于员工的幸福和客户的感动；家训是“内求、利他”；企业愿景是：用心将圣贤文化带给全世界造福全人类[①]。2013 年固锝探索出了幸福企业八大模块的系统推进模式，如图 6－1 所示。

图 6－1　固锝幸福企业八大模块

模块之一：人文关怀

苏州固锝在公司内部倡导“家”的氛围，从新员工入职第一天起，即有专人对其进行爱的呵护，不仅在工作、学习、

---

① “内求”是指，在固锝，碰到任何困难与问题都会从自身找问题、而不会去埋怨他人，也就是“行有不得，反求诸己，一切为着他人着想，把天下的众生视为与己一体”。“利他”就是念念皆为善念、全心为别人。“用心”就是用纯粹的“无我利他”之心将圣贤文化带给全世界、造福于众生。

生活给予他们最大的帮助，更通过言传身教陪伴志工，在思想、行动、情感上帮助他们尽早融入公司的大家庭。固锝鼓励员工引进家属来企业工作，有一家 13 个人都在固锝工作。针对困难员工及有需要特别照顾的员工家庭进行特别照顾，包含离职员工也被视同为公司的家人。

公司的关怀举措不仅关爱员工本人，包括员工的父母子女家庭等都是公司关注的对象。公司设立黄金老人关爱计划及幸福宝宝关爱计划、困难员工关怀、准妈妈关怀、育婴假、爱心车队等。具体来说包括：（1）新员工入职导览式培训、贴心式座谈；各部门员工生日聚会月月开展；（2）困难员工及困难家庭关怀及生病员工的看护和照顾；（3）针对准妈妈的特别爱护，在餐厅设立准妈妈专用软座、制定营养菜谱、赠送育儿书籍、上下班志工陪伴，保障其出行安全；（4）知心姐姐走入生产一线，主动和员工交谈，解决员工实际困难，及时疏导员工心理健康；（5）志工走入员工家中，送温暖、送清凉，关心员工及员工家属；（6）离职员工关怀及关注残疾人的就业；（7）黄金老人关爱计划，公司对员工父母、公婆等年龄在 80 周岁以上的老人，每月送上孝顺金并进行系列孝亲关怀；（8）幸福宝宝关爱计划，为公司员工留在原籍 0—12 周岁的子女送上志愿关怀和关怀金，幸福宝宝的父母每年享有带薪假期回家探望孩子，并报销路费。如表 6－1 所示。

模块之二：人文教育

人文教育是幸福企业之根本，在人文关怀的基础上提升员工的道德理念。孝亲尊师、善良朴实、敦伦尽分、恪守本分、乐于奉献是中华的传统美德，通过圣贤教育找回做人的

表 6－1　固锝公司福利一览表

项目	细则
对员工子女的关爱	孩子入当地公办学校就读、少儿医保费报销、员工孩子教育基金、独生子女费
员工关爱	生病住院员工关怀、员工或家属急难关怀、特困家庭和重大疾病员工或家属关怀、员工直系亲属往生关怀、公司于当地公立医院建立固锝绿色通道、员工免费住宿、领班关爱基金、员工工龄续接（针对再次入司的老员工）、准妈妈关怀
各种补贴	餐贴或免费工作餐、夜班补贴、星级补贴、工龄补贴
公司额外福利	庆生会、结婚庆贺、员工生子庆贺、中秋国庆慰问、妇女节慰问、发放年货、工会会员福利、开门红包、发放年终奖、工资之外的奖金
提升性培训福利	带薪在公司内外部培训、优秀员工特别福利（与家属国外旅游度假）
法律法规要求的福利	全员缴纳社保、部分员工缴纳商保（针对派遣员工）、带薪年休假、住房公积金
间接员工福利	干部车贴、工作手机及公司提供收费套餐

基础，久远的孝道和爱心，找到作为人何为正确，找到生命的价值和意义。让每一个社会人都能够扮演好自己在家庭、社会及工作中的不同角色。实例如下：（1）增加员工休息时间，带薪学习圣贤教育，让员工懂得生命的价值和意义。人文教育的核心内容是“因果教育”“敦伦尽分”“家庭和谐”，目的在于让员工懂得何为正确、何为幸福以及如何通过自己的努力获得幸福。选择《了凡四训》《弟子规》作为基础教材，同时

学习“家和万事兴”“新世纪健康饮食”等学习资料。固锝员工平均每人每年带薪学习时间为300小时，每个部门都有自己的专属教室。（2）定期读书会，从典籍的阅读和分享中汲取精神食粮，使员工感受到个体对公司对社会的价值，激发他们敦伦尽分，回馈社会的信念；（3）晨读弟子规，每天不间断的好话一句分享，每天增加正能量；（4）设立孝亲话吧，倡导员工经常与家乡的父母通话（公司承担话费），定期开展孝道的教育和践行，倡导员工感念父母恩德，及时尽孝道。（5）通过个人的改变，影响到自己的家庭、朋友，最终带动社会的孝亲尊师、尊老爱幼的良善风气。人文教育在于践行，“学”的目的是“发现自私自利的想法和行为”，“习”的目的是“放下自私自利的想法和行为”。

模块之三：绿色环保

固锝公司秉持4G（green）理念：绿色设计、绿色采购、绿色销售、绿色制造；在经营生产中践行绿色低碳，同时更注重生态环境的保护。（1）设计时通过烘箱改隧道炉工艺改善、运用逆卡诺循环把生产过程中的热能吸入压缩机进行热交换，将其所含热量释放给进入换热器中的冷水，直接进入保温水箱储存使用及更换；冬天利用冷却水的自然冷源；更换节能环保的LED灯。（2）安装废水处理设备、改良废水处理工艺及回收使用技术。（3）通过对空压机设备改造，综合利用设备产生热能替代锅炉天然气。（4）生产过程中的能耗降低列入各部门的年度计划；每年度20万元绿色奖励，引领供应商加入环保行列。（5）每周3天健康低碳餐，引领公司全体家人体验绿色低碳饮食观念，引领员工的身心健康，提升员工的心灵成长。（6）专辟土地，开设幸福林场、农场、果园，为地球增绿、让员工吃到无污染的绿色蔬菜。(7) 厨余减量，直至零厨余。通过宣导让员工懂得珍惜粮食、惜福爱物，菜色品种的调整变化、吃多少取多少的自助用餐方式，厨余大幅减量接近零厨余。

模块之四：健康促进

很多家庭都是因病而贫，尤其对于个体的人而言，健康是至关重要的。“上医治未病”，而在20世纪80年代世界卫生组织就提出了健康促进的理念：即人的健康以及寿命的长短与人的生活环境及行为习惯息息相关，因此提升员工的工作环境、健康意识，才能巩固幸福基石。固锝的做法：(1) 定期开展各种主题的健康讲座，提升员工健康意识；(2) 倡导健康、文明、低碳的生活习惯，鼓励员工戒烟，形成良好的生活饮食习惯；(3) 设立幸福医务室，建立员工健康档案，让员工可以随时享受健康护理；(4) 美化厂区环境，逐步改善工作环境；(5) 定期开展对特殊岗位和特殊人群的健康检查；(6) 借由原始点按摩治疗的教学与推广，让志工互助互益，鼓励员工与家人互动，为父母长辈尽责。

模块之五：慈善公益

启发志工（即义工）的爱心，教育志工内求知足，每个人伸出援手帮助需要帮助的人。用自己的点滴付出，换得更多人的幸福；对于弱势群体而言，物质的帮助是暂时的，心灵的抚慰更重要。固锝志工期盼把天下的老人视为自己的老人、把天下的孩子视为自己的孩子。让这个世界充满爱和温暖。小到爱物惜福，大到敬天爱地。(1) 持续开展净山净街净社区活动，带动市民树立环保理念；(2) 废旧电池危害的宣导和回收，让更多的人加入保护生态、爱护地球的行列中；(3)“老吾老及人之老，幼吾幼及人之幼”，定期开展敬老院、儿童福利院的关怀陪伴；（4）关爱空巢老人、关心社区残疾人及弱势群体，在帮助他人的过程中见苦知福、懂得感恩。

模块之六：志工拓展

公司倡导人人都是志工，积极培养公司志愿工作者以及幸福推广志工。公司志工是幸福企业八大模块的实践团队，幸福志工的职责是义务协助更多的企业、社区、学校等进行创建幸福典范，引导更多行业懂得以员工的幸福为第一要务，同时知道如何去落实。固锝期盼引领更多的企业、社区、医院、学校等更多的团体都开始真正落实幸福理念并承担社会责任，让社会更加和谐幸福。（1）精心设计志工培训课程，通过内求、利他的志工精神，让所有志工实现心灵上的成长；（2）数百位公司志工，活跃在公司各个岗位、活跃在每个志愿活动当中，以身示教，带动内求、利他的志工精神；（3）乐于奉献、甘愿付出是全体志工的最美的心地风光；（4）结合志工的心灵成长与陪伴，全面的志工培训与学习。

模块之七：人文记录

传播真善美，是幸福企业中的清流与交流窗口。以创建和传播幸福企业的人品典范为使命，不只是一家做好，而是希望全中国乃至全世界的企业，包含所有爱心团体都能一起共同携手成长。因此固锝在创建幸福企业之初，通过人文志工进行文字、照片和影像的记录，为全面推广做好文档及相关资料的储备。人文纪录为幸福企业的成长记录历史，总结经验；持续记录爱的足迹，引导员工乐于奉献，服务他人，回报社会；报真导正的前提下，展开人品典范、人文典范的报道与主题分享；持续培养培训志工，做好志工文化传承。2017 年，苏州固锝共计接待近700家企业，超3000人次的来访，其中包括海外企业家、政府官员及研究学者等。

模块之八：敦伦尽分

每一个人到这个世间，都有自己的责任和义务。无论是在社会家庭还是在自己工作的公司团体，人人都应该承担起自己应尽的职责和义务。尤其在一个企业大家庭中，每个人把自己对公司、对部门、对工作的一分热爱化作一分敦伦尽分，用恭敬心、感恩心及尽职尽责的心去完成好每一项工作。(1) 恭敬心：恭敬爱护天地万物，对周遭的一切人和事物抱持一分恭敬心。(2) 精实管理（来源于精益生产概念）：不断地寻找浪费的根源，持续改善。(3) 经费减半，销售倍增：这是对销售由最大化费用变成最小化的最直观表达，开源节流，提高利润率；(4) 我爱我设备：把每一台设备都看作自己的孩子，把每一台机器都像爱护自己眼睛一样去用心呵护，每一台机器也会用最好的状态来回馈；(5) 答案在现场：现场在心里，每一位员工把工作现场放在心里，时时刻刻在现场寻找答案；(6) 工匠精神：在本岗位深耕，提升岗位技能，精益求精，全身心投入工作当中，以提升本岗位的工作效率和效果为努力方向。(7) 付出不亚于任何人的努力：只要有一个人比自己努力，自己就不能算是付出不亚于任何人的努力。

固锝“幸福企业”的八大模块，人文教育是“根”，人文关怀、绿色环保、健康促进、志工拓展、慈善公益、人文记录是“枝叶”，敦伦尽分是“果实”。

三、"幸福企业"内外部社会责任的和谐统一

（一）"幸福企业"对传统管理的革新

首先，苏州固锝"幸福企业"是对唯利润导向的企业管理的扬弃。

（1）企业的管理从注重股东回报到关心员工幸福。幸福员工的标准是具备孝、恭敬、内求、利他的品德，是好女儿（儿子）、好媳妇（女婿）、好妻子（丈夫）、好妈妈（爸爸）、好员工（好干部）、好志工；低碳出行的践行者、现场解决问题的能手；健康低碳餐、零厨余的带头人；圣贤文化的传承者、员工中的人品典范。

（2）企业管理从系统及制度建设到德法并举，"德润人心"。固锝以前也依靠绩效考核，用压力、鞭策的方式实施管理；创建幸福企业后，主要依靠企业文化激发员工的自主性、创造性。吴念博认为："一切用钱解决的问题，都不是真正的解决。制度永远有缺陷，而企业文化，关键在一个'化'字，它不同于物质激励，它激发的是人的内生动力，这是无止境的动力。"

（3）从自上而下的管理到自下而上的管理（自治）。公司取消了 KPI（关键绩效指标）的绩效考核，改计件工资为计时工资，企业的目标由员工、部门、分公司自下而上制定；也不搞末位淘汰制。吴念博提出，"业绩差员工，如同学习差一些的孩子，父母不会放弃任何一个孩子，企业不会放弃任何一个员工"，领导者要尽量帮助员工改进。小"家庭""学堂"建立在生产线。依托幸福班组的建设为员工塑造"兄弟姐妹是一

家”的依归和氛围。“领班就是总经理”，赋予班组领班充分的自主权。取消打卡制，班组长给员工充分尊重，激发员工自律。

（4）从关心员工收入到教员工怎样正确花钱。公司董事长吴念博认为：“幸福，就是攀比心减少，欲望控制，感恩心增加。”“而幸福企业，是充分考虑企业员工需要什么，考虑如何才能让员工幸福，这就要求公司关心在前、爱护在前，将员工视为最亲爱的人、最需要关爱的人，使员工有温暖如家的感觉，并努力把每个人的攀比心、欲望都调整到适当位置。”固锝的人文教育帮助员工树立正确的财与德的观念，“有德此有人，有人此有土，有土此有财，有财此有用。德者本也，财者末也”。

（5）企业的目标从企业社会责任到宣导整个社会的和谐。“凡是人，皆需爱，天同覆，地同载”，宇宙万物是一体。

其次，创建幸福企业，实际上对各级管理者提出了更高要求，管理者要不断修炼，以圣贤的标准要求自己，并实行管理理念的转变。就固锝来说：

（1）管理者应该从管理下属转变为管理好自己。“正己”才能“化人”，“修身齐家治国平天下”，“修身”是第一要务。吴念博自己就从中国传统圣贤经典中学习智慧，学并“时习之”，带领干部学与习，做真正大爱的人。企业要打造家文化，管理者自己先要当好家长。固锝注重对管理干部的人文教育，在员工学习内容的基础上，管理干部还要学习《道盛和夫的经营智慧》《群书治要》等，通过学与习不断修炼自己。干部要通过“身教”为主、“言教”为辅进行管理；凡事先问自己的过错，不看别人的问题；管理是要先解决自己的问题，而不是先解决员工的问题。

（2）管理者从管理员工工作时间的行为到关心员工整个家庭的幸福，“家和万事兴”。吴念博提出，“企业员工伤病，你心痛了，就是家长；你不心痛，就是老板”。

（3）管理者从关心产品品质到注重员工人格品德的培养，品质 = 品德，只有具备良好品德的人，才能做出好品质的产品。

最后，幸福企业使员工发生了改变，（1）从“被管理”到“自主管理”。原来的管理是金字塔结构，董事长及高级管理经理——中层管理人员——基层管理人员——员工；现在为倒金字塔的结构，员工自我管理——基层管理人员——中层管理人员——董事长及高级经理。（2）从被企业雇佣到主人翁。工厂是我家，企业视我为家人，那么我就会把工厂当作自己家去热爱、去维护。“人人是安全员、人人是工程师、人人是品管员、人人是工务员、人人是清洁工”。

（二）“幸福企业”促进企业内外部社会责任和谐统一

幸福企业协调了企业各个利益相关方的关系，不但实现了员工和企业的共赢，而且形成了幸福链条，使企业利益相关者受益。

首先，幸福企业使员工身心健康。古希腊哲学家伊壁鸠鲁认为，幸福就是身体的无病痛，心理的无纷扰①。固锝的幸福企业员工管理正体现这一点。固锝提出，人文教育的衡量效果是，“化苦为乐、化恶为善、化迷为觉、化繁为简、化冷漠为慈悲”。

---

① 伯特兰·罗素，西方哲学史（上）［M］．北京：商务印书馆，2016：314.

“人文教育”使员工家庭和睦，人人成为传递爱的使者。“健康促进”使员工树立正确的理念，形成良好的工作生活习惯。2015—2016年固锝鼓励员工戒烟戒酒戒除不良习惯，通过宣导教育，2015—2016年戒烟比率约为25%。当然，中国仍是发展中国家，员工物质待遇还是决定生活幸福的重要因素，固锝员工薪酬在区域和行业中都处于领先地位，而且创建幸福企业以来，固锝员工的工资增长率在苏州处于较高水平。

其次，幸福企业使劳资双赢。固锝打造“员工幸福—机器幸福—材料幸福—环境幸福—产品幸福—客户幸福—员工幸福”的幸福链，员工激发出工作热情及无限创造力。（1）人均生产效率提高。以2012年为基数，2013—2015年，企业人均生产效率分别提升52%、95%、118%[①]。（2）精实管理顺利推进。员工转变身份成为企业主人后，精益生产落到实处。固锝2010年7月开始推行以恢复面目和可视化为主题的“我爱我设备”活动；2012年推出“金点子”活动，都产生了很好的效果。员工操作面积减少50%，员工负荷实际降低240%，人工效率提升50%，工序间WIP（work in process，在制品）实际降低80%，运输路程实际缩短53%[②]。固锝在幸福企业家文化推行之前，也推出过精准生产，但员工的态度不积极，参与度也不高。而实行幸福企业后，固锝的精实管理却顺利进行。精益生产（lean production）通过系统结构、人员组织、运行方式和市场供求等方面的变革，使生产系统能很快适应用户需求地不断变化，并能使生产过程中一切无用、多余的东西被精简，最终达到包括

① 来自吴念博演讲PPT.

② 侯仕军、生俊. 苏州固锝：创建幸福企业典范，中国管理案例共享中心案例库，2014.

市场供销在内的生产的各方面最好结果的一种生产管理方式。精益生产力求以最小的资源投入为顾客提供更好的产品和满意的服务、并创造出尽可能多的价值，而“以人为本、全员参与、消除浪费、持续改善”是精益管理的核心理念。固锝幸福企业的精实管理真正挖掘到了精益生产的本质，才获得效果。(3) 员工流失率降低。2006 年以来的几年快速成长过程中，苏州固锝平均年离职率尽管低于制造业平均水平，但也曾经高达 20% 左右。创建幸福企业以来，员工流失率从 2011 年的 9.3% 降至 2016 年的 2.8%；而中国电子行业平均员工流失率达到 24.5%，苏州企业平均为 17%。

最后，幸福企业使利益相关者受益。固锝幸福企业打造广义幸福链条：员工幸福—社区幸福—城市幸福—万物幸福—持续发展—员工幸福，进而促进世界和平，实现固锝的愿景：用心将圣贤文化带给全世界造福全人类。(1) 上下游企业受益。固锝员工用心制造好品质产品，使客户受益。固锝遵循用心为客户服务、“顺便赚钱”的理念。同时固锝将其幸福企业管理模式向上下游企业传递，帮助合作企业改进管理、改善员工关系；将其绿色经营理念向合作企业渗透，促进他们可持续发展。不少客户受固锝幸福企业的吸引找上门来合作。在采购环节，固锝每年提供 20 万元绿色奖励，引领供应商加入环保行列。(2) 社区受益。固锝的绿色经营、低碳生活、慈善公益使社区受益。在苏州固锝，公司联手社区“走进绿色家园，共建幸福家园”；固锝志工定期在社区开展环保、养老等公益活动，带动社区居民相应的公益活动；公司还向社区开展健康营养讲座、联合医院为社区居民义诊。固锝倡导员工将孝道和大爱传递给家庭，一个人影响一个家庭；一个家庭影响另一个家庭，延伸幸福链条，促进家庭和谐、邻里和谐、社区和谐。（3）社会受益。固锝诚信经营、依法纳税，使其成为社会优秀企业公民。不仅如此，固锝“幸福伙伴”计划[①]，通过选择20家志同道合的组织，带领他们创建幸福企业。固锝奉行“建国君民，教学为先”，不仅教化自己的员工，还承担社会教育的功能。每个月进行一天面向社会的开放日，接待来自全球的参访、学习、研究团体和人员，吴念博讲解幸福企业理念及管理模式；每年暑假面向社会开展中小学生夏令营，进行孝道教育；长期坚持开展关爱留守儿童活动。

总之，幸福企业已超出了慈善公益的概念，也超出了通常的企业社会责任概念。在这里，员工成为主人；生产现场成为人生修炼的道场；企业成为教化和传递大爱的学校。

---

① 幸福伙伴的评选基础包括：经营者、董事会的一致认同，董事会决议支持创建幸福企业；经营团队支持董事长的决定并能够努力去执行；团体必须爱国，其活动不涉及政治，不希望有对立面，不诽谤国家领导人；不利用幸福伙伴的名义去获取经济利益，从事经营活动；不利用幸福伙伴的名义增加经营方面的无形资产；希望每一位经营者戒烟，从而树立身教的榜样；需要展开的工作（企业内对留守儿童的关怀，要落实幸福宝宝关爱计划；企业内对黄金老人的关怀，八十岁以上的老人发放关怀金；多少钱无所谓，关键是孝道的教育；幸福校园每个月幸福伙伴的共同深耕项目。同时幸福伙伴需要在以下几个方面达成默契：彼此的沟通（每周所做工作的周报分享；定期派老师培训幸福伙伴家人；每月去一个企业举行幸福伙伴月度会议；“八大模块”落实情况的交流；人文教育讲师的推荐与审核；董事长、总经理及企业高管的团体活动）；二代的教育（董事长、总经理、企业高管的孩子参与到志愿者活动当中，提升心性）；志愿者 CI 系统的统一及志愿者的培养；伙伴企业挑选优秀人员前往学习幸福企业创建；可为与不可为；幸福伙伴退出机制。

第二节　倍特力构建和谐劳动关系动力机制案例研究

改革开放以来，我国民营经济发展迅速，取得了不少成就，成了市场经济体制的重要支柱，在深化供给侧改革中承担着重要作用。但2010年由南海本田事件引发的一系列反应、“农民工王斌余讨薪杀人案”、富士康公司的“十三连跳”事件等都突出了民营企业存在的劳资冲突问题，随着供给侧改革对人才的需求加大及新生代员工维权意识较强的特点，和谐劳动关系的发展不仅关乎着企业的可持续发展，更是维护社会稳定，推动经济健康持续发展，构建和谐社会的前提和基础。

关于构建和谐劳动关系的研究文献很多，但多数是从宏观层面研究政府、工会及三方协商机制对和谐劳动关系的推动，视角以政治学、社会学和法学为主。但劳动关系的另外一个重要主体是资方，即企业，它对劳动关系有着最直接的作用。但基于学科研究范式，政治学、社会学惯于认定资方对劳方具有剥夺和控制的本性，因此企业不存在主动推行和谐劳动关系的自觉行为。实际上，随着经济的发展，资方，尤其是完全市场化的民营经济，无论是由于趋利性还是自身意识，对构建企业内和谐劳动关系都具有很强的动机，而学术界对资方这一主体在劳动关系研究中的视角仍然停留在表层现象，多数是从组织层面影响和谐劳动关系的因素，如劳动关系氛围、民主管理和利益共享等要素出发，并没有对这些要素背后的推动力进行深层次研究，尤其对于民营企业而言，组织层面的表现基本受企业创始人影响。本节从管理学视角出发，通过微观案例解剖，探讨民营企业和谐劳动关系的动力机制，提出和谐劳动关系理论的一种新思路。

一、劳动关系调整机制理论

（一）劳动关系调整机制

发达市场经济国家劳资关系发展演变的时间已历经了100多年，在发展过程中，劳资关系在从激烈对抗逐渐演变为协调制衡的过程中，以集体劳动关系调整为主的劳资关系协调机制逐渐健全和完善，主要包括工会、集体谈判和三方协商机制、工人参与、法律法规与政策的制度约束等方式。虽然受经济全球化以及经济结构调整的影响，国外市场经济国家普遍出现了明显的集体谈判分散化和工会组织率下降的趋势①，人力资源管理、企业文化、组织学习以及团队建设等成为企业层面调整劳动关系的重要途径②，但这并不意味着是对传统劳动关系调整模式的否认和取代，因为劳资双方在某种程度上还是存在冲突，且无法通过双方协商自愿达成协议，因此在现实中诸如工会、集体谈判、集体争议及民主参与等，仍然是现今市场经济国家劳动关系的基本构成和主要调整方式③。

---

① 乔健．后金融危机时期中外劳动关系趋向的比较与思考．中国人力资源开发［J］．2014，（1）：96－105．

② Cullinane N，Dundon T. The psychological contract：A critical review. International Journal of Management Reviews［J］．2006，8（2）：113－129．

③ 常凯．中国特色劳动关系的阶段、特点和趋势——基于国际比较劳动关系研究的视野［J］．武汉大学学报（哲学社会科学版），2017，70（5）：21－29．

与滋生于自由市场经济的发达国家劳资关系不同，我国劳工组织的代表即工会的功能缺失或不清晰[①][②]，劳动者的集体力量仍处于萌芽状态，集体协商制度无法起到该有的作用[③]，同时由于劳动者自身的素质水平、灵活雇佣制度的应用以及农民工制度和二元劳动力市场的分割，分解了劳动者之间的凝聚力[④]，劳动者的集体意识普遍较低，因此无法形成有序的集体行动。对于劳动者而言，权益遭受侵害后唯一的合法途径是通过法律保护自身权益，但由于我国改革开放以后为追求经济发展，制定的地方政府以 GDP 增长为目标的绩效考核制度[⑤]，培育了地方政府亲资本的氛围，劳动法律常常迫于经济发展压力而为资本让步，劳动者的权益无法得到保障。因此本用于保护劳动者的劳动合同法的实施效果表现出相当大的失衡，弱势群体如农民工仍然处于劣势[⑥]，并未达到当初改变“资强劳弱”状态的预期[⑦]。

---

① Chen F. Union power in China source, operation, and constraints [J]. Modern China, 2009, 35 (6): 662 - 689.

② 陈维政，任晗，朱玖华等．中国企业工会角色冲突对工会职能作用发挥的影响和对策研究［J］．管理学报，2016，13（3）：315 - 324.

③ Clarke S. , Chang - Hee Lee and Qi Li. Collective Consultation and Industrial Relations in China [J] . British Journal of Industrial Relations, 2004, 42 (2), 235 - 254.

④ Zhang L. Lean production and labor controls in the Chinese automobile industry in an age of globalization [J] . International Labor and Working - Class History, 2008, 73 (1): 24 - 44.

⑤ 尚虎平．我国地方政府绩效评估悖论：高绩效下的政治安全隐患［J］．管理世界，2008（4）：69 - 79.

⑥ 何一鸣，罗必良．政府监督博弈、企业协约权利管制与农民工雇佣权益保护——以《劳动合同法》为例［J］．中国农村经济，2011，(6)：26 - 36.

⑦ 姚先国．权利的边界——反思《劳动合同法》［J］．经济学动态，2011，(5)：37 - 39.

在现有体制无法从外部宏观层面有效改善劳动关系的情况下，我国引入了企业社会责任理念和人力资源管理等微观层面机制，试图通过普及企业社会责任理念，为企业积极履行社会责任创造条件，激励企业自主改善劳动关系，促使劳资双方由对立走向和谐。但有研究指出，国外人力资源管理的兴起是为了对抗和替代工会，因而其举措是通过主动提供更好的就业条件和福利待遇来改善劳动关系，从而取得更好的企业绩效[①]，但中国却没有来自工会体制的压力[②]，因而这种外部植入的劳动关系调整方式在中国出现了技术化、形式化和表层化的问题，如低成本的临时用工制度、加班为主的薪酬体系以及严苛、没有人文关怀的规章制度等[③]，可以看出，其结果不仅没有改善劳工权益，同时还加剧了劳资矛盾。此外国内实证研究中，关于人力资源管理系统对企业绩效的结论不一致[④]，我国企业人力资源管理在理念和实践上与国外存在显著差异[⑤]，这从侧面说明我国企业可能没有主动改善劳动关系的动力。

从前面文献综述可以看出，工会、集体谈判、法律法规及人力资源管理等手段是发达市场经济国家改善企业劳动关系的主要机制，而由于我国的特殊社会体制，政府、法律等宏观劳

---

① 苏中兴，曾湘泉，赖特．人力资源管理与企业绩效：国内外实证研究的评论与思考［J］．经济理论与经济管理，2007（6）：61－69.

② 常凯，陶文忠．人力资源管理与劳动关系调整．中国人力资源开发，2006（8）：4－9.

③ 闻效仪．人力资源管理与劳工权益保护［J］．中国劳动关系学院学报，2011，（2）：34－39.

④ 苏中兴，曾湘泉，赖特．人力资源管理与企业绩效：国内外实证研究的评论与思考［J］．经济理论与经济管理，2007（6）：61－69.

⑤ 赵曙明．中、美、欧企业人力资源管理差异与中国本土企业人力资源管理应用研究［J］．管理学报，2012（9）：380－387.

动关系调整机制对企业尤其是民营企业的效果并不太好[①]，企业内工会也无法成为主动改善劳动关系的压力机制。然而企业内外部环境变化，促使企业必须构建和谐劳动关系、打造一支稳定的员工队伍。那究竟是什么因素推动了民营企业和谐劳动关系的构建？在中国情境下，企业推行和谐劳动关系是否和企业效益相冲突？对于这些问题，学术界很少探讨。本节通过对深圳市倍特力电池有限公司的案例分析，试图作出一些回答。

（二）民营企业和谐劳动关系及社会责任动机

"和谐劳动关系"的概念是随着党的十六届四中全会"社会主义和谐社会"的提出而被广泛使用，其概念的提出立足于中国特有的生长土壤，是具有中国特色的劳动关系[②]。但目前我国和谐劳动关系的研究还处于摸索阶段，其内涵还没有形成统一的观点。本研究借鉴刘铁明和罗友花（2007）对和谐劳动关系内涵的阐述[③]，认为和谐劳动关系是劳动关系各主体间主动的合作。劳动关系主体为了共同的效益目标，将注意力集中在目标的实现上而不是相互对抗上，通过建立相互信任、彼此尊重的合作氛围，实现成果共享、互利共赢的合作关系，就是所追求的和谐劳动关系[④]。但和谐劳动关系并不代表劳动

---

① 冯同庆．劳动关系理论的中国应用及其不足与补救［J］．经济社会体制比较，2012（5）：14－25.

② 范丽娜．经济发展新常态下推进中国特色和谐劳动关系的构建——"贯彻中央意见精神，构建和谐劳动关系"研讨会综述［J］．中国人力资源开发，2015（15）：82－86.

③ 刘铁明，罗友花．中国和谐劳动关系研究综述［J］．马克思主义与现实，2007（6）：139－142.

④ 张利萍．劳资合作：私营企业构建和谐劳动关系的根本出路［J］．当代世界与社会主义，2013（3）：185－188.

关系主体之间的利益冲突不存在，而是处于一种劳动关系主体之间的矛盾可以通过一定的管理手段得到有效缓和的状态。

由于私营企业主同时拥有生产资料的所有权和企业经营权，控制了企业的所有活动，这在某种程度上导致了我国私营企业劳资对立的局面①。但我国私营企业和发达市场经济国家的私营企业并不一样，一方面是相对于国有企业的先天优势以及外资企业来自资本、技术及国家政策扶持的优势，私营企业面对更激烈的市场压力；另一方面是我国的劳动关系是党政主导下的调整模式②，私营企业并非是“绝对的强资本”③。有学者提出中国的劳资政结构是“强势政府、弱势资本、更弱势劳工”④，在通常情况下，在“食物链”中，强势向弱势挤压，劳工处于最底层。然而由于我国沿海地区受外资企业各种管理模式的影响，新生代员工劳工权利意识和自我维护意识较高、来自媒体舆论的正面压力及劳工非政府组织的援助等因素⑤，私营企业劳资关系的发展呈现了多样性，那些有自主品牌且有社会责任履行意识的私营企业，劳动关系一般较为和谐⑥。

学术界对于企业社会责任履行的动因研究，多是聚焦于其

---

① 风笑天．私营企业劳资关系研究［M］．武汉：华中理工大学出版社，2000：67－68.

② 常凯．中国特色劳动关系的阶段、特点和趋势——基于国际比较劳动关系研究的视野［J］．武汉大学学报（哲学社会科学版），2017，70（5）：21－29.

③ 姚先国．民营经济发展与劳资关系调整［J］．浙江社会科学，2005（2）：78－86.

④ 王江松．为什么劳动者总是处于弱势地位[J].中国工人，2011（3）：19－23.

⑤ 徐东兴，施志刚．珠三角与长三角劳动关系和集体谈判各有特色——2011年中国集体谈判论坛网年会感怀［J］．中国工人，2012（4）：13－14.

⑥ 李敏，黄嘉文．广东经济社会转型期企业劳动关系冲突与协调：劳资政三方37年的博弈［M］．北京：科学出版社，2016：89－90.

中某个利益相关者的需求或合规性的获取等外部驱动因素[①]，如通过企业社会责任行为进行宣传，从而利用声誉资本吸引投资者投资或提高消费者忠诚度[②③]，同时也可通过合法性的满足来获取政治资源或政府支持[④]。而往往这类企业社会责任行为多是慈善捐赠及环境保护等外界最能直接评价和感受的部分[⑤]。不可否认，企业慈善行为在某种程度上确实能体现企业对社会的责任意识，但这种行为并不能代表真正意义上的企业社会责任。我国学者高勇强等（2012）以2008年全国民营企业调查所获得的数据为样本[⑥]，分析得出那些在产品研发和环境保护方面投入越多，但员工福利待遇却很差的民营企业，慈善捐赠反而越多。这一调查结果充分显示企业有可能利用慈善捐赠掩盖社会责任感缺失的真相[⑦]，仅仅是为了迷惑外界公众来提高企业利润。因此，合法性因素及利益相关者压力下实行

---

① 田祖海，叶凯．企业社会责任研究述评［J］．中南财经政法大学学报，2017（1）：140－147.

② Goyal A. Corporate social responsibility as a signalling device for foreign direct investment［J］. International Journal of the Economics of Business，2006，13（1）：145－163.

③ Siegel D S，Vitaliano D F. An empirical analysis of the strategic use of corporate social responsibility［J］. Journal of Economics & Management Strategy，2007，16（3）：773－792.

④ Wang H，Qian C. Corporate philanthropy and corporate financial performance：The roles of stakeholder response and political access［J］. Academy of Management Journal，2011，54（6）：1159－1181.

⑤ Wang H，Tong L，Takeuchi R，et al. Corporate social responsibility［J］：An overview and new research directions thematic issue on corporate social responsibility. Academy of Management Journal，2016，59（2）：534－544.

⑥ 高勇强，陈亚静，张云均．“红领巾”还是“绿领巾”：民营企业慈善捐赠动机研究［J］．管理世界，2012（8）：106－114＋146.

⑦ Daryl Koehn，Joe Ueng. Is philanthropy being used by corporate wrongdoers to buy good will?［J］. Journal of Management & Governance，2010，14（1）：34－57.

的企业社会责任行为，可能只是一种企业用于趋利避害的反应性社会责任[①]。

除此之外，从非正式制度层面来说，国家、组织及个人层面的因素也会促成企业社会责任行为[②]，其中国家与组织层次主要从文化角度研究企业社会责任的前因[③]，个人层面主要研究企业内部高层管理者的价值观、心理认知、性格及背景等个人特征对企业社会责任行为的影响[④]，如管理者的亲社会偏好动机、高管伦理道德修为对企业社会责任的正向影响[⑤⑥]。而相比上述的企业外部制度驱动因素，对于我国而言，企业内部驱动因素所发挥的作用可能更加明显，尤其是企业家的影响[⑦]。

（三）企业家精神与和谐劳动关系动力机制

企业内部员工责任行为源于企业可持续发展的追求，而企

---

① Porter Michael E，Kramer Mark R. Strategy and society：the link between competitive advantage and corporate social responsibility［J］. Harvard Business Review，2006，84（12）：78－92.

② 张晓，范英杰．企业社会责任行为驱动因素研究综述［J］．财政监督，2016（2）：101－103.

③ 辛杰．企业文化对企业社会责任的影响：领导风格与高管团队行为整合的作用［J］．上海财经大学学报，2014，16（6）：30－39.

④ 赵曙明．企业社会责任的要素、模式与战略最新研究述评［J］．外国经济与管理，2009，31（1）：2－8＋49.

⑤ 李诗田，宋献中．亲社会偏好、合法性压力与社会责任信息披露——基于中国民营上市公司的实证研究［J］．学术研究，2015（8）：84－91＋160.

⑥ 李彬．企业高管伦理道德对企业社会责任影响实证研究［J］．企业经济，2015，34（3）：99－103.

⑦ 辛杰，吴创．企业家文化价值观对企业社会责任的影响机制研究［J］．中南财经政法大学学报，2015（1）：105－115.

业可持续发展的动力源泉则是企业家精神[①]。这是因为企业家精神的载体——企业家是唯一能在不确定条件下实现知识的经济价值转化的主体[②]，同时对于企业家而言，经济价值只是生存的必要条件，是达成更高理想的手段，其最高价值是通过实现企业的可持续发展，对社会的发展承担必要责任及对科技哲学发展作出贡献[③]。

国内外对于企业家精神的研究主要从个体、组织和社会三个层次来研究[④]，其中个体层次主要是从心理学角度研究企业家精神的内涵[⑤⑥]，大致包括创新能力、运营能力、思维能力及道德伦理四个方面的构成因素[⑦]，但实证研究中往往更倾向于关注企业家精神的创新能力[⑧]，主要从管理学、经济学及社会学角度，研究组织和社会层次影响企业家精神发展的制度和环境因素及企业家精神所发挥的影响[⑨]。但中国情境下的企业家精神还有另外一个重要作用，就是 2017 年 9 月中共中央、

---

① 彭劲松．企业管理与企业社会责任［M］．广州：华南理工大学出版社，2011，42.

② 张晖明，张亮亮．“企业家资本”的生成与内涵分析——基于文献综述的视角［J］．复旦学报（社会科学版），2014，56（3）：113－123.

③ Low M B，MacMillan I C. Entrepreneurship：Past Research and Future Challenges［J］. Journal of Management，1988（35）：139－161.

④ 叶鹏程，许磊．论企业家精神的三个层次及其启示［J］．外国经济与管理，2006（2）：44－51.

⑤ Scott Shane，Edwin A Locke，Christopher J C'ollins. Entrepreneurial motivation［J］. Human Resource Management Review，2003（13）：257－279.

⑥ 姜忠辉，徐玉蓉．企业家精神的内涵与外延探析［J］．中国海洋大学学报（社会科学版），2015（1）：71－77.

⑦ 丁栋虹．企业家精神［M］．北京：清华大学出版社，2010：42－192.

⑧ 张晖明，张亮亮．企业家资本与经济增长：一个文献综述［J］．上海经济研究，2011（9）：40－54.

⑨ 朱乾，杨勇，陶天龙等．企业家精神影响因素的国外研究综述［J］．东南大学学报（哲学社会科学版），2012，14（4）：52－57＋72＋127.

国务院印发的《中共中央国务院关于营造企业家健康成长环境弘扬优秀企业家精神更好发挥企业家作用的意见》中所说的，“发挥企业家作用，为促进经济持续健康发展和社会和谐稳定、实现全面建成小康社会奋斗目标和中华民族伟大复兴的中国梦作出更大贡献”。即企业家促进社会和谐的使命。

虽然我国理论探讨中有较多研究涉及企业家精神的社会责任分析，但实证研究中，关于企业家精神对于社会和谐的基础——和谐劳动关系的构建研究却较少涉及，多数研究止步于企业家精神作为管理要素的投入对经济增长的研究[①]，即企业家通过对劳动的配置型投入和激励型投入，有效提高了劳动者努力程度和劳动生产效率[②]。这其实已经暗含了和谐劳动关系的形成：首先，企业家精神对劳动者的激励和配置投入表明企业家在观念上将劳动者视为一种人力资本来进行投资，而劳动者的人力资本属性有利于达成企业与员工利益的一致性[③]。其次，激励和配置是人力资源管理的重要内涵，而人力资源管理属于调整劳动关系的常用方法。最后，劳动者的努力程度及劳动生产效率就是和谐劳动关系的效果说明。

企业家精神有助于和谐劳动关系的构建，是其自身核心价值观及精神追求在企业内的渗透和表现。企业家精神作为企业生存及可持续发展的强大精神支撑，它不仅在沉淀和形成公司文化和贯彻落实公司核心决策上发挥重大作用，而且是企业组

---

① 曾铖，郭兵，罗守贵．企业家精神与经济增长方式转变关系的文献述评［J］．上海经济研究，2015（2）：120 – 129.

② 周卫民．经济增长的内生性要素：［南京大学博士学位论文］．南京：南京大学博士学位论文［D］．2011：139 – 141.

③ 袁凌，聂菁苗．人力资本理论对中国企业劳动关系的影响及启示［J］．经济学动态，2008（2）：47 – 49.

织的经营理念和管理哲学的集中体现。而在这一系列组织文化以及制度的总和中，企业家精神的核心要素——道德伦理准则中基本都包含着对人的尊重，通过对员工的包容和接纳，重视员工的意见和反馈，以引导和激励员工为主，在培养员工成长的过程中，也成就了企业自身。

企业家精神作为企业的思想引领，在某种程度上尤其是在民营企业中，往往对企业的行为策略和运营效果产生决定性的作用①，因此可以认为企业家精神经由管理实践，推动了企业的和谐劳动关系形成与发展，表现为对员工的工作满意度、工作态度以及留任意愿的正向影响②③④，而这些影响作为绩效反馈，又进一步推动了改善劳动关系的举措实施，最终围绕和谐劳动关系的各种因素在一起形成了一个系统，这个系统通过良好的循环与运行，最终形成了和谐劳动关系。

二、倍特力构建和谐劳动关系案例

（一）案例选择及资料收集方法

本文旨在研究和谐劳动关系的动力机制，研究的问题是和

---

① 李召敏，赵曙明. 关系导向型战略领导、人力资源柔性与组织绩效——基于转型经济下民营企业的实证研究［J］. 外国经济与管理，2016，38（4）：73－89.

② Antoncic J A，Antoncic B. Employee satisfaction，intrapreneurship and firm growth：a model［J］. Industrial Management & Data Systems，2011，111（4）：589－607（19）.

③ Stefanos Giannikis，Irene Nikandrou. The impact of corporate entrepreneurship and high－performance work systems on employees' job attitudes：empirical evidence from Greece during the economic downturn［J］. The International Journal of Human Resource Management，2013，24（19）：3644－3666.

④ Jarrod M. Haar，Brook J. White. Corporate entrepreneurship and information technology towards employee retention：a study of New Zealand firms［J］. Human Resource ManagementJoumal，2011，23（1）：109－125.

谐劳动关系的推动和发展机制是怎样的？是哪些因素促成了和谐劳动关系的持续发展？从现有文献来看，以往多数学者对和谐劳动关系的研究主要聚焦于理论上的探讨，尤其是对于微观层面和谐劳动关系的动力机制，在实证研究上还属于一个全新范畴，并没有相应的研究。另外，本研究需要通过对案例进行纵向的时间序列进行分析，涉及过程模型的构建，具有很强的故事性，通过对案例企业 15 年的发展过程进行分析，对民营企业和谐劳动关系的动力机制进行深度探索和解释，因此单案例研究方法是最适合的研究方法。

深圳市倍特力电池有限公司（以下简称倍特力）是一家专注于锂电池、镍氢电池和镍锌电池生产销售的民营企业，从 2002 年成立到现在的 15 年里，从创办时的 28 个人及不到 1000 平方米的厂房，到如今已经是国内唯一一家集锂电池、镍锌电池与镍氢电池的研发、生产、销售于一体的电池制造企业，旗下的“BPI”品牌于 2015 年荣获“广东省著名商标”称号，在国内电池行业，销售居第三位。

倍特力公司是深圳市大浪街道“1 + 3”劳资和谐示范企业。公司自成立以来未发生过劳资冲突事件，员工待遇略高于区域和同行业水平，有员工股权分享；公司员工关系健全完善，关注员工的健康与安全，免费为员工提供食宿，为员工提供社会保险、年度体检、疾病预防等服务；拥有完善的带薪休假制度，定期组织生日晚会和优秀员工旅游，建有篮球场、乒乓球室，图书室和培训室；公司特别设立了员工购房、购车贷款；春节时为员工免费提供回乡火车票。在这样的管理之下，公司于 2007 年被评为宝安区“劳动用工诚信守法企业”，2010 年分别被评为“宝安区 1 + 3 劳资恳谈机制模范企业”

"深圳市劳动关系和谐企业"，其劳资关系建设成果于 2012 年被编入《劳资协商制》[①] 出版发行。

笔者对倍特力的关注始于 2012 年，之后收集倍特力公司大量的第二手资料，包括公司内部制度和构建和谐劳动关系的历史记录。2015 年 4 月和 2017 年 3 月两次去倍特力公司进行调研，访谈了企业董事长、事业部总经理、中层与基层管理者及普通员工等 40 多人，共计 31.5 小时的访谈记录。第一手和第二手资料最终总结出 213481 字的研究素材。对这些素材，采用多级编码方式，由 4 位研究人员合作进行编码，这种基于团队形式展开的讨论有助于对研究结论的作证获取尽可能多的信息，同时能减少因研究者个人偏见和主观性导致的结论片面性[②]。在编码过程中，首先，根据数据来源对资料进行一级编码，识别出企业发展的主要阶段及关键事件；其次，通过文献指引，将三个阶段中企业劳动关系的发展过程进行概念化编码，形成二级条目库，并逐项、分阶段进行编码。在这一过程中，识别出不同阶段的推动因素、员工关系管理实践及劳动关系效益，其中为保证数据效度，将定量数据与定性资料进行联合分析；最后，对二级条目库中的二级条目编码结果按照不同阶段进行三级编码，根据相关理论和证据梳理，提出和谐劳动关系的动力机制模型。

---

① 姚文胜，翟玉娟，彭光华．劳资协商制：中国劳动关系改善的路径选择［M］．北京：中国法制出版社，2012.

② 毛基业，张霞．案例研究方法的规范性及现状评估——中国企业管理案例论坛（2007）综述［J］．管理世界，2008（4）：115－121.

（二）案例描述

通过阅读和分析案例企业倍特力的所有材料，同时根据研究目的，为全面呈现案例企业和谐劳动关系的发展过程，笔者从公司员工关系管理角度分为三个阶段：2002—2004 年创业期，管理为家人式的；2005—2008 年快速发展期，员工关系管理建章立制；2008 年至今的稳健发展期，员工关系管理精细化。

1. 2002—2004 年创业期的员工关系管理

倍特力创始人龙翔 1991 年毕业于天津大学化工系，毕业后任职于航空航天部贵州电源研究所。这是一家军工单位，待遇好、福利多，在那个时代是一份令人羡慕的工作。1992 年，大批在政府机构、科研院所的知识分子受邓小平南巡讲话的影响，纷纷下海创业，形成了以陈东升、田源、郭凡生、冯仑、王功权、潘石屹、易小迪等为代表的企业家。这批企业家被称为“九二派”。龙翔说，“我就是九二派中的一员”。这一年，他辞掉军工单位的“铁饭碗”工作，到珠海打工，进入珠海市三益电池有限公司，该公司由珠海市政府和珠海益士文化学电源研究开发中心共同出资成立，是国内第一家镍氢电池生产企业。龙翔参与了我国首批镍氢电池的研制，在该厂从任职技术员到技术部经理、销售部经理，最后到副总经理。

2002 年 3 月，龙翔带领着 28 个人在深圳市龙华区创办倍特力，至 10 月就发展到 80 多人，厂房迅速扩展至 1000 多平方米。创业初期，倍特力就坚持品质致胜，进行 CE 安全认证（2002 年 4 月）及 ISO9001：2000 认证（2003 年 1 月）。同时注重研发，2004 年与世界最大的隔膜生产商德国科德堡公司成立了“科德堡隔膜中国测试中心”和“科德堡镍锌电池隔膜中国测试中心”，并与龙翔母校天津大学签订合作协议，共同建立创新基地。同年底，倍特力便在高温电池和动力型电池研究方面有所突破，同时获得深圳市“高新技术企业”认定。这与快速致富转而寻找更大投资机会的企业不同，倍特力创业初期便有着基业长青的目标。

对于打造自己的企业，龙翔始终强调信任，建立以信任为基础的企业文化。这一阶段，由于团队规模较小，员工关系简单易管理，大家相处较为融洽，龙翔夫妇与大家一起同吃同住同劳动，大家地位平等，像一家人。十年的打工生涯，让龙翔切身领会到了打工者的艰辛，因此对员工尊重，要求所有管理人员“用打工者的心理管理打工者”。由于层级少，员工与老板面对面，信息分享充分、沟通畅通；公司决策透明，经常吃着盒饭，就将各条线的问题互相交流、讨论解决办法，大家决定的事情也马上执行，不需要太多监督催促；节假日经常一起聚餐、旅游。龙翔对员工传帮带，同时严格管理，如不许员工赌博、打架；对每盏灯、每棵树都有责任人，等等。这些都是龙翔在原来打工的企业新加坡上司的严格要求下形成的职业习惯。公司投入大量经费用于培训，以跟上快速发展步伐。员工都勤奋努力、充满热情，看着公司蒸蒸日上，充满希望。这一阶段的劳动关系（员工关系管理）发展过程，如图 6 - 2 所示。

2. 2005—2008 年快速发展阶段的员工关系管理

2005—2008 年是倍特力公司快速发展期，这一时期，公司业务继续快速发展，员工人数由 300 多人发展至 1500 多人，产能 21 万支/天，产值达到 2 亿元；同时公司规范各项管理制

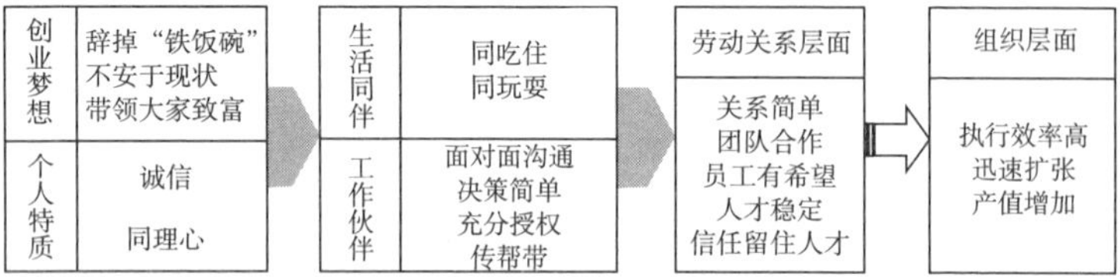

图6-2　倍特力生存阶段公司员工关系管理过程

度，2005年实行精益生产管理，导入ERP，引入KPI绩效管理。而此时，深圳出现“招工难”，员工跳槽频繁。新生代员工成为倍特力员工队伍的主力，他们有与老一代农民工不同的需求。2005年龙翔就读清华大学EMBA，带动公司管理人员一起学习，打造学习型组织，逐步在企业中贯彻自身的办企业理念，打造企业文化。

为适应这一阶段企业内外的变化，倍特力在员工关系管理上进行了变革，由家人式的管理向规范管理转变。（1）提高员工待遇。通过建立合理的绩效考核，使员工收入与付出相适应；平衡淡旺季，稳定员工收入，使员工待遇整体略高于同区域水平；对核心员工实行股份分红。（2）强调“管理就是服务”，倒金字塔型的组织机构图，图中处在顶端的是当月评选出来的各部门优秀员工；最底端则为董事长龙翔。公司还设立总经理信箱，制定了《总经理信箱管理制度》；公开管理人员电话，包括董事长、总经理和每个部门每个组织的领导人电话，张贴在办公楼、各工段的信息栏；公司在各种场合向员工表示，欢迎通过电话和短信发表意见；为了使新员工知道领导电话，行政部前台每月中公布一次领导电话。为畅通员工沟通，还建立随时访问办公室制度，制定《随时接受来访制度》，规定：各部门办公室、总经理室非因沟通保密需要，应保持开放状态，以便随时接受员工来访。接待员工来访时，应保持与员工平等沟通，不得以工作忙为由推脱，或让员工等候而不给予答复。对于员工反映的问题，经调查属实的，在本职工作范围能解决的，应主动寻求解决，及时给员工答复。对于员工反映的问题，非本部门职责范围的，也要根据“首见负责制”原则，协调相关部门给予解决，并跟进事情的进展。(3) 加强沟通。公司建立全厂月例会、职员月度交流会、部门周沟通会；工段每月召开一次员工沟通会征求员工意见；公司每两个月召开一次员工沟通会，员工选拔或自愿报名参加，总经理等介绍当前经营情况及公司大事件，充分听取员工意见接受员工问询。(4) 广泛推进员工参与。配合精益生产的推进，全公司推行合理化建议奖励制度，员工可以组建合理化建议攻关课题，每半年评奖一次，最高奖金10000元。该阶段劳动关系发展过程如图6－3所示。

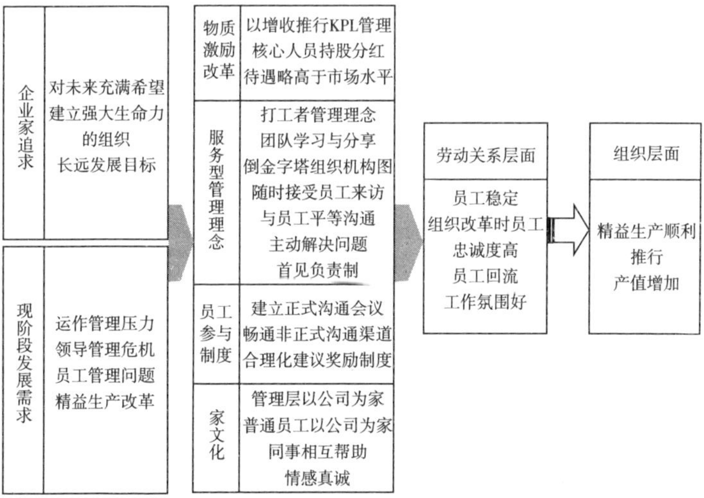

图6－3　倍特力快速发展阶段公司员工关系管理

3. 2008 年以来稳健发展期的员工关系管理

2008 年至今为倍特力公司稳健发展期，这一时期，公司业务稳健发展，产值达到 3 亿元。相比创业期的飞速发展来说，这一时期发展趋于平稳，公司 2008 年产值就达 2 个亿，之后发展放缓，2013 年达到 3 个亿。倍特力公司的镍氢电池研发和生产技术处于行业领先，而且属于环保和新能源的新型产业，因此受经济下行的影响较小。就在经济下滑的 2014 年和 2015 年，公司的影响不大，没有明显的淡旺季。2016 年以来公司稳健发展，2017 年公司产值预计达到 5 个亿。这一时期，海航入股倍特力，资本实力更强，平台更高；倍特力谋划在创业板上市。

公司员工人数在 2013 年 6 月达到高峰，共 1800 多人。之后引入 U 型生产线，生产效率大大提高，员工人数降低，至 2015 年 1080 人；产能 30 万支/天。然而，中国劳动力市场结构发生改变，表现在倍特力公司，2008 年以后，倍特力的新进员工通过老员工介绍进来的越来越多，成为主要的新员工招聘渠道；留住员工也越来越难。新员工离职最高的通常发生在入职三个月以内，而且，倍特力公司的新进员工越来越年轻化，大多数为“90 后”，“1985 年前出生的员工在我们这里可以被称为‘老员工’”。“90 后”员工希望工作有奔头、团队有温暖、生活有乐趣。2008 年《劳动合同法》的实施，对企业完善用工制度提出了要求；地方政府对企业劳动关系提出了更高的要求。

这一时期，倍特力在员工关系管理上公司做了以下制度创建和完善工作。

（1）给员工做工作辅导，让员工觉得工作“没烦恼”。公司要求中层主管不定期地与本部门的员工进行个别性工作沟通；要求基层主管关注员工情绪，随时沟通。对工作辅导情况实行考核，并与收入挂钩，决定每月30%的奖金。

（2）给员工做职业规划，让员工觉得“有未来”。对员工实行职业生涯管理，实行内部招聘和晋升，让员工看到职业发展希望。公司95%的管理人员是自己培养的。公司对晋升、加薪等实行民主评议，与绩效考核的360评价结合，保证公开、公正、公平。公司每个月有员工大会，表彰“优秀员工”“优秀职员”，宣布新晋升，接受董事长发聘书及大家的喝彩式祝贺。

（3）做好新员工关怀，让他们觉得“有归属感”。设立新员工关怀制度并将员工离职率作为管理者考核的重要内容。在新员工入厂的一个月之内召开沟通会，所有新员工都参加。总经理或常务副总经理参加新员工沟通会，宣讲公司的企业制度文化，听取意见，表达期望，组织员工讨论。新入职员工，一月内，总经理对重点岗位、关键岗位者100%沟通；直属副总经理与100%的人员沟通。新入职职员，入职三天内，直属副总对100%的人员沟通；入职一周内，总经理与100%的人员沟通。试用期满前直属副总与100%的人员沟通。工段的主管在新员工入厂3—7天，必须去员工宿舍进行探望。新员工入厂7—10天，工段主管必须安排单独沟通，了解新员工工作生活的问题。新员工分到班组时，主管安排本组员工见面，举行简单的欢迎仪式；下班前必须找入职前三天的新员工进行单独的沟通；在主管安排下，组长与物料员和前三天进厂的新员工一起去饭堂吃饭。基层还有例行沟通，组长每半个月沟通2—3个员工，并作好《沟通记录表》。

（4）建立员工自我管理制度，让员工觉得自己“有价值”。员工生活委员会，由员工自己推选产生12名委员会成员，对公司的伙食、宿舍和集体活动进行管理，包括伙食管理——计划菜谱、监督称菜、菜价调查、就餐纪律监督、监督饭菜质量、反馈员工意见；宿舍管理——对宿舍进行7S评比颁奖。员工根据自身爱好、兴趣成立各种群众的文体组织，如篮球队、台球队、乒乓球队等，行政部拨经费开展活动。与天津大学联合办学，鼓励员工提升学历，公司对完成学业的员工奖励学费报销。成立员工学习委员会，定期组织学习交流。

（5）建立劳动关系促进委员会，让员工觉得“有尊严”。公司组建了劳动关系促进委员会，作为劳企沟通的主管部门。委员会的主任由常务副总经理担任，委员中有管理部门的代表和普通员工的代表。公司制订了劳动关系促进委员会的职责。劳动关系促进委员会负责劳资纠纷处理；承担员工调查任务，包括工作满意度调查、Q12敬业度调查（主要针对管理者的调查）、离职调查、员工生活意见调查。

（6）搞好员工福利，让员工觉得“有温暖”。购房购车补助，对工作达到一定年限的主管级以上的员工和业务员，在购房/车时给予经济补助和无息贷款。提供免费的员工宿舍，给双职工提供夫妻房；公司食堂提供早餐、中餐、晚餐、夜宵，上班员工可以免费就餐；代购车票，春运期间为全体返乡员工统一订购车票；春节家属慰问信及拜年；除夕和初一与留厂员工团聚；每个月一次员工集体生日会；员工婚丧嫁娶慰问；部门团队活动（公司补贴）；员工困难救助基金；中高层经理到员工宿舍探望（要求每月一次）。行政部还与兄弟单位组织员工相亲联谊会。

该阶段劳动关系发展过程如图 6－4 所示。

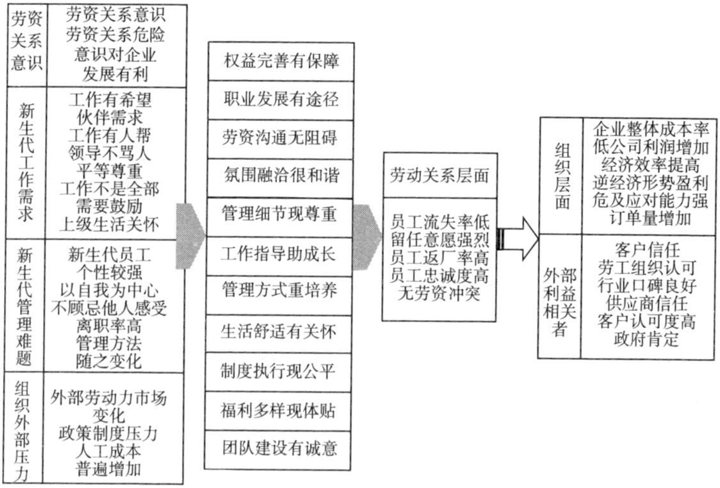

图 6－4　倍特力稳健发展期员工关系管理过程

4. 倍特力劳动关系（员工关系管理）发展过程

综合前面分析的三个阶段特征，倍特力和谐劳动关系构建过程如图 6－5 所示。

从此图中可以看出，在倍特力和谐劳动关系的推动过程中，企业家精神发挥了引导作用，而组织内外部的因素则持续推动了该过程，所产生的效果又反馈于推动因素，强化了这个过程。据此，我们提炼出民营企业和谐劳动关系的动力机制主要包括以上三个方面，如图 6－6 所示。

2016 年 11 月倍特力的江西宜春基地开业，2017 年 3 月就达到日生产 8 万支的量。倍特力的生产中心将逐步往宜春转移，深圳成为市场销售和研发基地。倍特力在宜春基地复制深圳公司制度，包括员工关系管理；管理人员从深圳派出，宜春公司员工待遇在区域内领先，员工福利水平如同深圳。

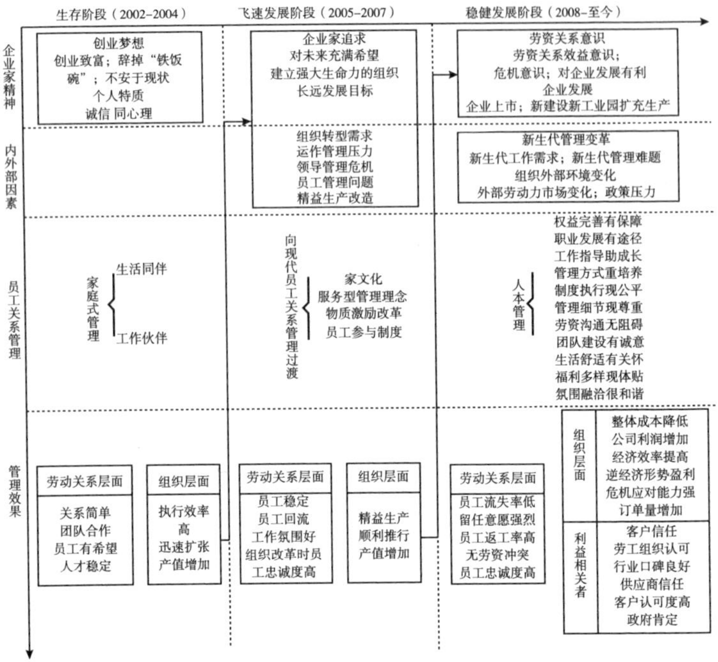

图6－5 倍特力和谐劳动关系发展过程分析

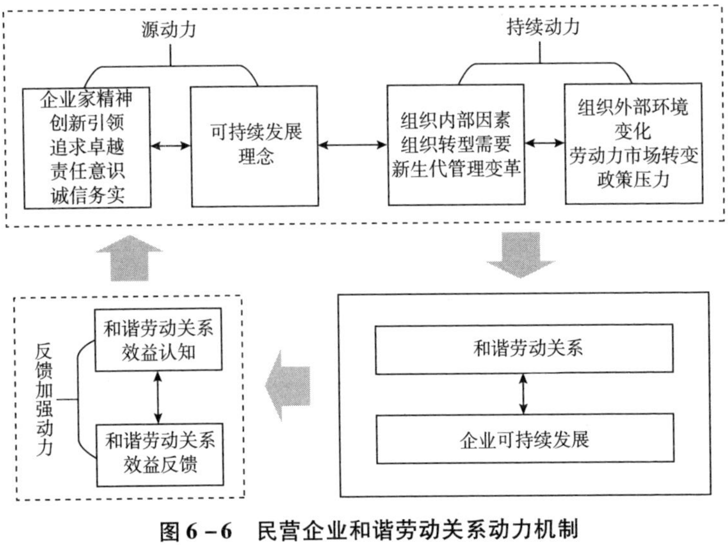

图6－6 民营企业和谐劳动关系动力机制

三、民营企业和谐劳动关系的动力机制

（一）源动力

1. 企业家精神

中国经济飞速发展，低劳动成本是重要后发优势。20 世纪八九十年代的改革，都是为了促进生产要素包括劳动力市场化。招商引资、产权变革、企业转制等资本性的话语在影响力度上远远大于劳动保护和社会保障等话语，广大工人处于社会生产和经营链条的末端，成了被社会忽视的群体①。当时劳动法律体系尚处于发展完善阶段，社会对劳动者的重视程度弱；经济技术水平普遍简单粗放；劳动力市场供大于求使员工对企业的议价能力低。低劳动权益保护状况在民营经济中尤其突出。

然而，总有一些企业保持着本心和梦想。这与企业家有很大关系。倍特力公司从初创时期到现在，创始人龙翔在其中的作用一直贯穿其中，如生存阶段的创业梦想、个人特质中的诚信、善良、务实；飞速发展阶段的企业家追求；稳健发展阶段的劳资关系意识及筹划企业上市的要求等，三个阶段所表现出来的动力因素均与企业家精神有关，包括创新引领、卓越追求、责任意识以及诚信务实四个方面，即企业创始人的企业家精神，分阶段来看主要表现为：生存阶段创业致富的创业梦想促使着作为技术出身的企业创始人龙翔不断通过产品研发创

---

①　渠敬东，傅春晖，闻翔．组织变革和体制治理［M］．北京：中国社会科学出版社，2015：181.

新，引领企业走在行业发展前列，体现了创新引领特质；而其个人充分信任和理解员工的表现则反映出了其个人诚信与同理心的个人特质；再加上企业整体稳健发展的步伐则反映出了实事求是的特质。在飞速发展阶段，倍特力公司在达到一定规模，龙翔开始进修学习，带领企业一起学习和进步，致力于通过企业文化的营造，做基业长青的事业而不仅仅只挣钱，体现了卓越追求特质。稳健发展阶段，企业已经从竞争激烈的市场中脱颖而出，有了稳定的产出和利润，倍特力公司开始寻求更加有前景的发展，同时对社会慈善及劳资关系也有了更加清晰的行为意识，突出了其责任意识。需要说明的是，这些特质并非只在某一阶段具备，而是一直贯穿于企业发展从始至今，这里只是由于当时的各方面因素影响导致其中的某些特质在当时阶段更加突出，并在当时占主导地位。这些意识层面的特质，是人的行为的根本动力来源。

倍特力公司构建和谐劳动关系的出发点，一是与企业家的个人特质有关，二是出于企业家对企业发展有利的实质追求。这两点均反映了企业家精神的重要内涵。企业作为一个系统，关乎着企业各个利益相关者，而这个系统想要长期存在并发展下去，就需要与各个利益相关者和谐相处，其中作为支撑企业发展的最为重要的利益相关者之一的员工自然不可忽视。而领导人求真务实、踏实稳健的个人特质，强烈的追求卓越和责任意识等企业家精神更是彰显在“从员工利益出发”的言行举止中。因此最初倍特力公司并非是为了推行和谐劳动关系而推行，而是因为在追求企业长期发展的过程中企业家精神的彰显，企业领导者对人对事的行为和态度成就着和谐劳动关系的形成。因此可以认为，企业家精神是推动和谐劳动关系形成的源动力。

2. 可持续发展理念

企业家精神在企业成长的过程中逐渐渗透到企业各方面，在这个过程中，企业家精神在组织层面的外化体现就是企业对可持续发展的追求，即通过不断调整、优化和提升公司产品或服务，持续满足社会需要，构建企业的核心竞争力。倍特力公司与国内外知名供应商德国科德堡公司、河南科隆公司及厦门钨业公司合作成立的产品测试中心，以及和天津大学、清华大学成立的产学研合作基地与博士后创新实践基地，就是其重视产品研发与创新的体现。可以说，产品的价值决定了企业能否在激烈的市场竞争中生存下来并实现可持续发展。电池行业兴衰起落，有一些是煤矿企业的产业延伸，还有些是在政府鼓励新能源产业时投资进入的。大浪淘沙，那些投机性企业在行业竞争中逐步被淘汰，只剩下专注于电池事业的企业。当然，产品的价值实现并非只是简单地创造、产出和销售，其实质是通过对人的经营和管理实现的，尤其是企业中的员工，因为员工才是执行产品价值实现的直接主体。企业要想实现基业长青，必须先要经营管理好员工。

企业可持续发展是一种超越利润追求的目标，因此对于致力于实现可持续发展的企业而言，利润只是生存的必要条件和实现更重要目标的手段，而不是最终目的。在对于员工的经营管理上，员工不再被认为是企业的成本支出，而是一种投入，企业通过主动加大员工投入激发员工内心的创造性、主观能动性和积极性，促使员工全身心地投入企业并提升为员工自发的责任心和高效的执行力。企业对员工的这种投入，通过依据员工心理需求所打造的以人为本的企业文化及有利于吸引、培养和留住员工的一系列制度，促使了和谐劳动关系的自然形成。

倍特力最初并没有着意构建和谐劳动关系，企业家凭着本心善待员工并制度化，这为和谐劳动关系的发展奠定了基础。

（二）组织内外因素持续推动力

1. 外部环境变化

企业的和谐发展与进步都离不开经济、社会、政治、技术等关键因素的影响。倍特力公司的发展同样如此。2008 年《劳动合同法》出台，企业所面临的外部环境发生了较大的转变，主要体现为关注劳动者权益保护的劳动法律制度的逐渐完善，表明了国家和政府对构建和谐劳动关系的决心与重视，对企业劳动用工形成了约束和激励机制，民营企业为了进一步获取发展所需的资源和机会，为企业前进的道路谋取更大的政策空间，会更愿意加强其合法用工的管理，以满足政府或社会对自身的期望，赢得更多政治领域的合法性。另外，作为劳动力供求双方双向选择的场所，劳动力市场向卖方的转变，使得劳动者在劳资关系中掌握了部分主动权，对于工作条件、报酬及福利规定等具备了发言权，劳动者不再是只能被动地接受企业给出的条件，而是可以根据自身条件及外界丰富的就业机会对企业形成议价能力。企业在经济快速增长的环境上必须考虑劳动者个人意愿，改进工作环境以吸引员工、留住员工。

倍特力公司在 2007 年就已经被宝安劳动局评为“劳动用工守法诚信企业”，这表明倍特力公司在受到外部环境变化影响之前就已经具备了和谐劳动关系的基础，外部环境的变化只是促进企业加强和谐劳动关系实施行为的持续推动因素，根本的动力来源是企业家精神及企业可持续发展理念的推动。企业社会责任行为研究认为，企业内部驱动因素如企业家价值观对企业社会责任行为的影响更加深刻①，因为现有法律体系下，正式制度对于企业履行社会责任的行为约束力是有限的②，但法律政策起着引导作用。

2. 组织内部因素

倍特力持续推动和谐劳动关系的组织内部因素，一是组织转型需要，二是新生代员工的管理变革。

（1）组织转型需要。企业初创时期，主要在于通过创造产品，在市场中生存下来，因此企业所有精力都贡献给了产品创新和市场开拓等技术活动上，而管理风格和制度都较为简单，主要以非正式规则为主。当企业发展到一定规模时，员工逐渐增多，以往以非正式规则为主的管理方式越来越容易出现混乱，需要对生产组织、制度设置、人员激励等进行变革，实现组织转型。倍特力引入 ERP 系统、KPI 绩效考核，创立企业文化、打造学习型组织，尤其导入精益生产引发了企业对人管理的变革。精益生产的精髓是员工主动性的发挥和员工参与的实施③。企业转型改革推动了和谐劳动关系的发展。

（2）新生代员工管理变革。国家统计局公布 2012 年中国 15—59 岁劳动年龄人口 93727 万人，比上年末减少 345 万人，占总人口的 69.2%，绝对量首次下降，原预测 2015

---

① 辛杰，吴创．企业家文化价值观对企业社会责任的影响机制研究［J］．中南财经政法大学学报，2015（1）：105－115.

② 黎友焕，刘延平．中国企业社会责任建设蓝皮书（2010）［M］．北京：人民出版社，2010：100－135.

③ Konecny P A，Thun J H. Do it separately or simulataneously——an empirical analysis of a conjoint implementation of TQM and TPM on plant performance［J］. International journal of production economics，2010，12（9）：1－12.

年人口红利消失提前到2012年；2013年再减少244万人，刘易斯拐点到来。新生代成为职场主力。2013年“农民工”（有学者认为这一称呼已经过时，应该称之为“新工人”①）总量已达26894万人，其中31.2%从事制造业，22.4%从事建筑业，“80后”新生代“农民工”占46.6%；2016年这一比例已达49.7%②。新生代农民工有着与传统员工显著不同的特征，他们的价值观与老一代的农民工差异十分明显③，主要表现为素质水平较高、自我意识强烈、价值观多元化等④，这些与老一辈农民工不同的特质也进一步对工作行为产生影响⑤，如成就意识强烈、组织忠诚度低等，这些行为特性在“90后”新生代员工身上更为明显⑥。对此，倍特力进行了一系列员工关系管理变革，更加注重从心理层面管理新生代员工。组织内部各方面因素的持续推动下，倍特力公司对劳动关系的认知更加明晰。2011年4月龙翔提出将和谐劳动关系建设作为当期主要工作重点，并制定了更为完善的劳动关系管理措施，如成立和谐劳资关系促进委员会、构建和谐劳资关系制度及制订每年的和谐劳资关

---

① 胡星斗.“农民工”离“新工人”有多远[J]. 人民论坛，2006（7b）：56－56.

② 中国统计年鉴[M]．北京：中国统计出版社，2013/2016.

③ 张光磊，周金帆．新生代员工的定义与特征研究述评［J］．武汉科技大学学报（社会科学版），2015，17（4）：449－454.

④ 傅红，段万春．我国新生代员工的特点及动因——从新生代各种热门事件引发的思考［J］．社会科学家，2013（1）：88－91.

⑤ 李燕萍，侯烜方．新生代员工工作价值观结构及其对工作行为的影响机理［J］．经济管理，2012，34（5）：77－86.

⑥ 廖晓明，陈珊．“90后”新生代员工的特点与管理策略[J]．领导科学，2017（19）：10－11.

系活动行事历等，自此以后，和谐劳动关系建设正式成为倍特力公司的主要议程之一。

（三）效果反馈加强动力

1. 和谐劳动关系效益认知

企业行为归根结底是人的行为，人的行为机制一般是，某种需要产生特定的动机，动机推动行为的实现，行为的完成促成目标的实现，而目标的达成状况反馈回来，对人的认知产生影响，并形成了新的需要，然后进入下一次循环，其中需要与结果是相互影响的。企业作为一个更为庞大的系统，影响决策的因素及决策可能产生的结果更为复杂，其中对决策可能产生的结果判断，即企业行为后果的认知，对决策产生着重大影响[①]。一般而言，企业的决策行为是从企业的立场出发，即企业决策者的认知是基于对企业发展有利的角度。也就是说，对采取某种行动能够为企业带来好处的认知，能够激励企业中的人主动采取行动的能动性。关于倍特力公司和谐劳动关系的动机，企业创始人龙翔是这样说的，“要这样讲的话，我做劳资关系的动机有三个：第一，我是个好人，因为我长在贵州，穷的地方人是比较善良的；第二，经历造成的，有 10 年打工经历；光有这两点还不够；第三，我也是一个现实主义者，我这样做对公司是有好处的”。

2. 和谐劳动关系效益反馈

和谐劳动关系的效益可以分为劳动关系层面和组织层面两

---

① 疏礼兵．基于需要满足的民营企业社会责任行为动机研究[J]．软科学，2012，26（8）：118－122.

个方面。从劳动关系层面而言，和谐劳动关系能够增加员工忠诚度，留住员工，降低离职率。倍特力的员工离职率一直处于行业较低水平，如图6-7所示；而且一直维持着较为平稳的低离职率，除了在1月由于正处于过年返乡时期，有稍多一些员工离职以外，其他时候一直处于平稳，如图6-8所示。

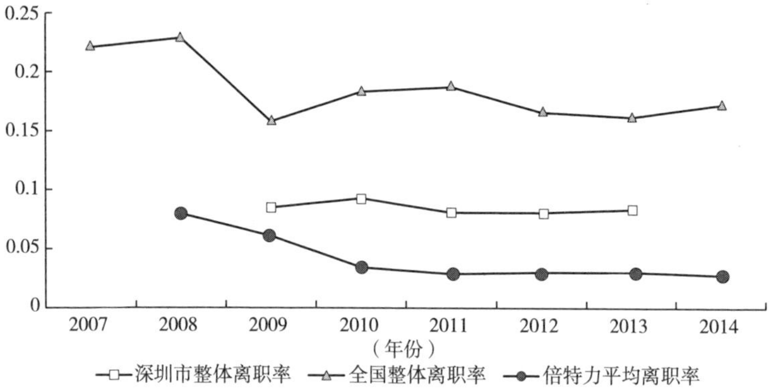

图6-7　离职率趋势对比图

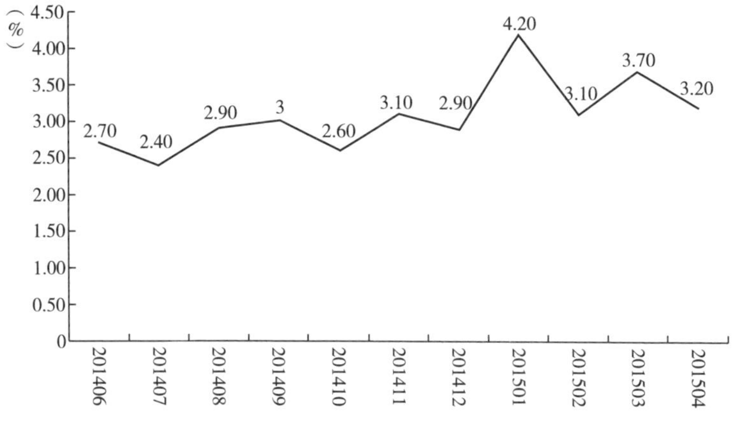

图6-8　员工离职率

倍特力员工忠诚度很高，如表 6－2 所示。

表 6－2　工作两三年以上员工数变化

类型＼年份	2007	2009	2011	2013	2015	2017
两年以上员工数	120	205	245	296	381	473
三年以上员工数	55	123	165	195	247	325

从组织层面来看，员工稳定带来的直接好处是出现“两高两低”：公司的客户投诉率降低；退货率降低；产品直通率提高；出货准时率提高。

倍特力构建和谐劳动关系，形成了一个良性循环：企业家精神和可持续发展理念是企业构建和谐劳动关系的源动力；企业内外部环境是企业构建和谐劳动关系的推动力；效益反馈是加强动力，进一步促进企业改善。

倍特力良好的内部员工关系，对企业外部社会责任有极大促进。精益生产的推进，员工积极参与合理化建议，产品品质不断提高，给消费者提供更优质的产品。倍特力员工积极参与社区公益慈善活动，2011 年 12 月，被评为“爱心慈善企业”。

第三节　实证研究小结

本章以市场化的民营企业作为案例解剖对象，从微观层面分析企业内外部社会责任的关系，并探讨企业社会责任及构建和谐劳动关系的动因。

苏州固锝的案例研究表明，企业内外部社会责任是可以和谐统一的，固锝构建的幸福链条“员工幸福—机器幸福—材料幸福—环境幸福—产品幸福—客户幸福”，将内部员工责任与外部消费者责任和谐统一起来。不仅如此，固锝的幸福链条还延伸，通过“员工幸福—社区幸福—城市幸福—万物幸福—可持续发展”，将内部社会责任与社区（广义与狭义）责任、政府责任、公众责任和谐统一。固锝幸福企业甚至超出通常的社会责任概念，引领员工追求人活着的价值和意义，通过员工带领一个个家庭探索幸福之路；一个个家庭再辐射到社区、社会。

深圳倍特力案例从更微观的人力资源管理进行解剖。倍特力是创建和谐劳动关系的典范，其和谐劳动关系创立并非有意而为之，而是基于企业家个人特质及其情怀，在内外部环境的不断变化中顺势而为。倍特力通过建立高参与工作系统，不仅满足了员工的需求，而且受到尊重的员工忠诚度更高、团队更高效。这又促使企业更加完善员工关系管理。企业家的源动力、内外环境的推动力、效益反馈的加强动力，使企业形成合作型劳动关系，并形成良性循环。和谐的内部员工关系，不但为消费者创造了高品质的产品，还促进企业在公益慈善等外部社会责任方面的成就。

这两个案例都较好地诠释了企业社会责任的互补和平衡协同论。

然而，这两个案例都是基于企业人力资源和企业内部管理制度的改进和创新，实行高参与工作系统，激发员工的主动性、积极性，实现劳资共赢；进而使企业履行好外部社会责任。这种基于企业和企业家自上而下的自我完善，仍旧是一种东方“父爱主义”式管理模式，与企业工会的作为无关，与劳资力量平衡无关。

第七章

结论与建议

通过前面章节的理论和实证研究，我们得出本章的结论。

一、研究结论

企业社会责任理论的研究通常将社会责任看作一个整体。随着社会责任的发展，也有专门研究关注某一方面的责任，如环境保护、慈善捐赠。由于各利益相关者在企业的战略地位不同，有学者据此对企业社会责任进行分类，内部社会责任与外部社会责任就是其中的一种分类。本书将对员工的责任界定为内部企业社会责任；外部企业社会责任则包括了政府、顾客、社区、生态环境及慈善公益等构成的外在利益相关者主体。

中国建立和谐社会，对和谐劳动关系高度重视。和谐劳动关系的构建需要政府、企业、社会共同努力。和谐劳动关系既是企业追求的目标，也是企业的社会责任。然而，一方面我国劳资冲突日益增加，另一方面企业慈善捐赠年年增长。如何解读这一现象呢?

理论上，内外部企业社会责任有平衡协同论和冲突对立论。平衡协同论认为，从价值共创角度来看，管理利益相关者实质上是一个价值共同创造的过程。每一类利益相关者群体其价值取向都是多元的，且与其他利益相关者在本质上具有一致性、互补性。如企业的绿色经营不仅保护了环境也促进了消费者身心健康；企业的慈善捐赠提高声誉进而提高企业效益给员工带来更高的收益等。因此，企业通过有效方式，可以将平衡利益相关者诉求和提高公司价值有机整合。从资源分配角度来看，利益相关者的协调就是企业资源的协调与分配过程。企业本来需要追求经济、社会和环境的综合价值最大化。一个真正意义上的责任型企业应该是尽可能满足所有利益相关者的诉求，而不是为了其中一方利益相关者群体的利益而牺牲另一方。然而，冲突对立论认为，利益相关者之间存在冲突，消费者希望用低价购买产品，而股东则希望通过产品提价来获取收益；企业投资于一个利益相关者（如环境）会增加成本，从而减少对其他利益相关者的投入（如员工或客户）。由于企业资源有限，那么企业只能在各个利益相关者之间进行选择，影响企业选择的是利益相关者的显著性，即利益相关者的权利、合法性、紧急性，其中权利即对企业决策的影响力是最主要的因素。由于各个利益相关者拥有的这三个维度不同，企业就会将有限资源投入维度最强的利益相关者，减少对维度弱的利益相关者投入。西方学者研究了企业的“漂绿”行为（通过慈善捐赠转移对环境污染的注意力）；“伪善”行为（外部社会责任履行较好而员工权益保护很差等）。但内外部企业社会责任的关系，一直没有中国的实证研究。

2006 年中国共产党十六届六中全会提出“发展和谐劳动关系”，和谐劳动关系成为国家发展战略。企业面临多重发展现实，一方面，中国作为后发国家，要快速发展经济；另一方面，要在企业构建和谐劳动关系，为促进和谐社会作贡献。然而，部分企业内工会力量不强，劳动者缺少参与企业决策的渠道，劳方的影响力有限。企业在激烈竞争和高速发展下，能否平衡内外部社会责任？在对待内部员工群体和外部利益相关者群体上采用的是平衡协同论还是冲突对立论呢？在对立冲突的选择中，企业是更重视“面子”即外部社会责任；还是更重视“里子”即内部社会责任呢？中国企业和谐劳动关系建设与外部社会责任管理能否协调一致？对此，本书开展了一系列实证研究。

首先，从企业社会责任标准的比较研究中发现，中国企业社会责任标准基本上与国际接轨，但对相关制度和劳动者权益方面进行了中国语境的修改。上交所和深交所的企业社会责任指引，都主要关注员工个体法律权益、经济权益的保护。深交所虽然也提出了工会和职代会、职工董事监事等民主参与的要求，但都没有对我国法律要求的集体协商等职工集体权益提出指引。在外部企业社会责任方面，都比较注重企业的经营责任（包括股东、消费者等）和环保责任。

其次，通过对上市企业披露的社会责任报告和年报的分析，揭示中国企业内外部社会责任的关系。首先选择 2016 年度 98 家制造企业社会责任报告进行内容分析，发现我国制造业企业的整体责任水平并不乐观。从披露信息的详细程度来看，多数企业倾向于较为详细地披露外部社会责任（如慈善捐赠、社会公益、环境保护），而对内部责任中真正反映和谐劳动关系的部分和与劳动者切身利益相关的部分则披露不足甚至不披露。如对于平等雇佣问题、企业签订合同的比率问题、如何对待劳务派遣工问题，企业社会责任报告披露较少。企业社会责任报告中关于和谐劳动关系的披露中给出的信息量多数集中在中等水平，与之相反的是绝大多数企业对社会公益和慈善的披露水平较高。其次，对 2006—2016 年 6657 个上市公司年报样本进行定量研究，发现中国现有情境下，企业更倾向于外部责任行为，内部员工权益保护不足。从时间上来看，无论是企业生命周期的哪一阶段，样本外部企业社会责任均值始终大于内部社会责任均值，内外部社会责任投入均在成熟期达到最大。企业在成熟期阶段更注重平衡内外部利益相关者投入。

再次，通过对内陆首个开展市级社会责任评价的C市30家企业数据进行分析，发现企业社会责任履行情况参差不齐。总的来说，企业对于基本社会责任（基于法律政策要求的责任基本指标）履行较好，而对更高标准的社会责任（进步指标）履行情况差异很大。履行基本指标好的依次是用工责任、经营责任、公益责任、环境责任；履行进步指标好的依次为公益责任、经营责任、用工责任、环境责任。这说明企业履行外部社会责任（公益、经营）更有动力，履行内部社会责任（用工责任）更源于压力（法律政策要求）。

实证研究的结果都说明，我国内外部企业社会责任发展不平衡，外部社会责任（公益慈善、经营责任、环境保护、政府社区责任等）好于内部社会责任（员工权益保护及劳动关系状况）。我国企业千差万别，整体来说，上市公司不管是经营情况还是企业社会责任和劳动关系状况都是比较好的；C市参加首届社会责任评价的企业也是CSR的先进企业。由此推断，我国内外部企业社会责任平衡发展任重道远。

最后，对典型企业进行案例解剖。当整体情况不容乐观的时候，我们发现，总有一些企业是先行者，总有一些企业家胸怀理想。苏州固锝打造“幸福企业”，员工身心健康，企业劳动关系和谐；通过幸福链条“员工幸福—机器幸福—材料幸福—环境幸福—产品幸福—客户幸福”，将内部员工责任与外部消费者责任和谐统一起来；通过“员工幸福—社区幸福—

城市幸福—万物幸福—可持续发展”，将内部社会责任与社区（广义与狭义）责任、政府责任、公众责任和谐统一。深圳倍特力则基于企业家个人特质及其情怀，在内外部环境的不断变化中顺势而为，构建和谐劳动关系。和谐的内部员工关系，不但为消费者创造了高品质的产品，还促成企业在公益慈善等外部社会责任方面的成就。这两家民营企业都实现了内外部社会责任的平衡发展。当然，这两家企业都是基于企业人力资源和内部管理的改进，实行高参与工作系统，以体现员工的价值，进而促进外部社会责任的履行；与公司的工会、职代会等劳动关系制度没有多大关系。

二、对策建议

（1）企业管理者应该具有长远的企业社会责任意识。虽然从短期来看，企业采用竞争性社会责任观能给企业带来部分利益，且协调所有利益相关者的利益对企业现实情况提出更高挑战，但牺牲内部利益相关者的利益来满足外部社会需求可能会导致劳资关系产生不良后果。因此从长远来看，寻求在社会问题和员工问题之间协调、保持企业社会责任活动平衡更有助于保持公司的增长。企业只有关注长远、关注社会、关注利益相关者，才能够全面、协调、可持续发展，而这本身就是我国的国家发展战略的体现。

企业管理者应该充分考虑利益相关者的优先顺序，将员工利益摆在更突出的位置。卡罗尔提出企业履行责任的顺序应率先满足较低层次责任后，再根据企业发展考虑更高层次的责任。我国企业虽然要平衡对各利益相关者投入，但也要先满足低层次的责任需求。企业应该先履行好员工责任，保障产品质量，依法纳税等应尽之责，然后再去进行更多的慈善捐赠和公益等活动。

（2）政府在制定和执行政策时，应该引导企业平衡内外部社会责任。一方面严格劳动执法，切实保护劳动者个体权益；另一方面转变基层工会职能、开展有实效的集体协商，保护劳动者集体权益。只有工会真正成为劳动者的代表，劳方这个利益相关者才有更大的影响力影响企业决策，劳方这个利益相关者的显著性才会凸显出来。此外，地方政府应切实履行政府本身的责任，不能将政府的责任推向企业。当然，反腐败，切断权钱交易；实行市场经济改革，让企业充分按照市场原则进行决策，政府和企业都在法律范围内行为，企业就能用更多的资源来平衡内外部利益相关者的诉求。

（3）社会要有正确的舆论引导。企业的慈善捐赠固然重要，但员工权益保护、产品质量、环境保护更是企业社会责任的根本。和谐劳动关系榜比慈善榜更重要；认真履行社会责任的企业比高调宣传慈善公益的企业更值得尊敬。

只有全社会共同努力，我们才能有和谐劳动关系，有文明的工业秩序和快乐的职场生活；同时有安全的产品、美好的环境、良好的组织及人际关系。

参考文献

1. Carroll, A. B. The pyramid of corporate social responsibility: Toward the moral management of organizational stakeholders [J]. Business horizons, 1991, 34 (4): 39 -48.

2. Waddock, S. A., Graves, S. B.. The corporate social performance - financial performance link [J]. Strategic Management Journal, 1997, 18 (4): 303 -319.

3. Siegel M W. Corporate Social Responsibility and Financial Performance: Correlation or Misspecification? [J]. Strategic Management Journal, 2000, 21 (5): 603 -609.

4. Tang Z, Clyde Eiríkur Hull, Rothenberg S. How Corporate Social Responsibility Engagement Strategy Moderates the CSR - Financial Performance Relationship [J]. Journal of Management Studies, 2012, 49 (7): 30.

5. King, A. A., Lenox, M. J., Terlaak, A. The strategic use of decentralized institutions: Exploring certification with the ISO 14001 management standard [J]. Academy of Management Journal, 2005, 48 (6): 1091 -1106.

6. Hawn, O., Ioannou, I. Mind The Gap: The Interplay between External and Internal Actions in The Case of Corporate Social

Responsibility [J]. Strategic Management Journal, 2016, 37 (13): 2569 – 2588.

7. Scheidler S, Edingerschons L M, Spanjol J, et al. Scrooge posing as Mother Teresa: how hypocritical social responsibility strategies hurt employees and firms [J]. Journal of Business Ethics, 2018 (2): 1 – 20.

8. Berman, S. L. , Wicks, A. C. , Kotha, S. , and Jones, T. M. . Does stakeholder orientation matter? The relationship between stakeholder management models and firm financial performance [J]. Academy of Management Journal, 1999, 42 (5): 488 – 506.

9. Cavaco S, Crifo P. CSR and financial performance: complementarity between environmental, social and business behaviours [J]. Applied Economics, 2014, 46 (27): 3323 – 3338.

10. Friedman, M. The Social Responsibility of Business is to Increase its Profits [J]. The New York Times Magazine, 1970 (1): 122 – 126.

11. Heese, J. , Krishnan, R. , Moers, F. Selective regulator decoupling and organizations' strategic responses [J]. Academy of Management Journal, 2016, 59 (6): 2178 – 2204.

12. Wagner, T. , Lutz, R. J. , Weitz, B. A. Corporate hypocrisy: Overcoming the threat of inconsistent corporate social responsibility perceptions [J]. Journal of Marketing, 2009, 73 (6): 77 – 91.

13. Marquis, C. , Qian, C. Corporate social responsibility reporting in china: Symbol or substance? [J]. Organization Science, 2014, 25 (1): 127 – 148.

14. Freeman, R. E., & Velamuri, S. R. (2006). A new approach to CSR: Company stakeholder responsibility. In Corporate social responsibility. Palgrave Macmillan, London. pp. 9 – 23.

15. Barnett, M. L. Stakeholder influence capacity and the variability of financial returns to corporate social responsibility [J]. Academy of management review, 2007, 32 (3): 794 – 816.

16. Wood, D. J. Corporate social performance revisited [J]. Academy of management review, 1991, 16 (4): 691 – 718.

17. Agle, B. R., Mitchell, R. K., and Sonnenfeld, J. A. Who matters to Ceos? An investigation of stakeholder attributes and salience, corpate performance, and Ceo values [J]. Academy of management journal, 1999, 42 (5): 507 – 525.

18. Mitchell R. K., Agle, B. R., Wood, D J. Toward a Theory of Stakeholder Identification and Salience: Defining the Principle of Who and What Really Counts [J]. Academy of Management Journal, 1997, 22 (4): 853 – 886.

19. Mitchell, R. K., Robinson, R. E., Marin, A., Lee, J. H., and Randolph, A. F. Spiritual identity, stakeholder attributes, and family business workplace spirituality stakeholder salience [J]. Journal of Management, Spirituality & Religion, 2013, 10 (3): 215 – 252.

20. Brammer, S., Brooks, C., and Pavelin, S.. Corporate social performance and stock returns: UK evidence from disaggregate measures [J]. Financial management, 2006, 35 (3): 97 – 116.

21. Godfrey PC, Merrill CB, Hansen JM. The Relationship between Corporate Social Responsibility and Shareholder Value:

An Empirical Test of the Risk Management Hypothesis [J]. Strategic Management Journal, 2009, 30 (4): 425 - 445.

22. Oi J C. Rural China takes off: Institutional foundations of economic reform [M] . University of California Press, 1999.

23. Walder, Andrew. Local govenments as industrial firm: An organizational analysis of China's transitional economy [J], American J. of Sociology, 1995, 101 (2): 263 - 301.

24. 莱茵加特·齐默尔. 企业社会责任将有助于改善劳动条件吗? 中国产业民主——兼论德国、韩国与越南[M] . 北京: 中国社会科学出版社, 2012: 211 - 220.

25. 龙文滨, 宋献中. 社会责任投入增进价值创造的路径与时点研究——个理论分析[J]. 会计研究, 2013 (12): 60 - 64.

26. 高勇强, 陈亚静, 张云均. 红领巾" 还是"绿领巾": 民营企业慈善捐赠动机研究[J]. 管理世界, 2012 (8): 106 - 114.

27. 李增福, 汤旭东, 连玉君. 中国民营企业社会责任背离之谜[J]. 管理世界, 2016 (9): 136 - 148 + 160 + 188.

28. 盛亚, 单航英. 利益相关者与企业技术创新绩效关系: 基于高度平衡型利益相关者的实证研究[J]. 科研管理, 2008 (6): 30 - 35.

29. 肖红军. 国有企业社会责任的发展与演进: 40 年回顾和深度透视[J]. 经济管理, 2018 (10): 5 - 26.

30. 邹萍. "言行一致" 还是 "投桃报李"? ——企业社会责任信息披露与实际税负[J]. 经济管理, 2018 (3): 159 - 177.

31. 陈晓萍，徐淑英，樊景立．组织与管理研究的实证方法[M]．北京：北京大学出版社，2012：279.

32. 〔日〕坂本光司著，蔡昭仪译．日本最了不起的公司：永续经营的闪光之魂［M］．银川：宁夏人民出版社，2010：143.

33. 帅师，郭金山．幸福企业：模型、方法与实践[M]．经济管理出版社，2015.

34. 风笑天．私营企业劳资关系研究［M］．武汉：华中理工大学出版社，2000：67－68.

35. 李敏，黄嘉文．广东经济社会转型期企业劳动关系冲突与协调：劳资政三方37年的博弈［M］．北京：科学出版社，2016：89－90.

36. 姚文胜，翟玉娟，彭光华．劳资协商制：中国劳动关系改善的路径选择［M］．北京：中国法制出版社，2012.

37. 渠敬东，傅春晖，闻翔．组织变革和体制治理[M]．中国社会科学出版社，2015：181.

后　记

从企业社会责任的角度研究劳动关系，是笔者近几年一直进行的探索。和谐劳动关系的构建，有赖于国家制度的顶层设计；也有赖于企业和企业家的践行探索。中国经济飞速发展，企业和企业家是创造这个经济奇迹的功臣；经济和社会转型，企业和企业家面临着多重任务，如何平衡企业内外部多个利益相关者的诉求，更是艰巨的任务。

本书由谢玉华、覃亚洲撰写；施红茹、刘美艳参加了部分章节的资料收集和撰写工作。谢华青、王昕在资料整理和数据分析中做了大量的工作。

本书借鉴了前人研究的许多成果，书中均做了引注；本书还借鉴了很多企业的创新实践。对这些理论和实践的创造者们深表感谢！

经济社会转型是一个漫长的过程，希望本书的学术探讨对企业和社会有一点点启发。感谢您的阅读和关注！

谢玉华

2019 年 5 月 10 日